DU SCHAFFST DEN SPRUNG

Dieses Buch gehört

____

Du schaffst den Sprung

Vorwort

Liebe Schülerin, lieber Schüler,

dieses Buch hilft dir bei der Vorbereitung auf deine Schulaufgaben bzw. Stegreifaufgaben in der 6. Klasse Gymnasium im Fach Mathematik. Zu Beginn fassen wir den gesamten Stoff der sechsten Klasse kurz zusammen und geben dir ein paar nützliche Tipps. Anhand der von uns erstellten Proben, die dem Lehrplan angepasst sind und in Inhalt, Form und Umfang etwa dem entsprechen, was dich in deinen Klassenarbeiten erwartet, kannst du überprüfen, ob du den behandelten Stoff beherrschst. In der Regel hast du für die Schulaufgaben 45 Minuten Zeit. Die Reihenfolge, in der du die Fragen beantwortest, ist generell egal. Am besten du gehst eine Probe grob durch und fängst mit der Aufgabe an, die dir am leichtesten fällt.

Im Anhang findest du zu jeder Probe eine Lösung mit ausführlichen Antworten, damit du deine Arbeiten selbstständig kontrollieren kannst.

Wir wünschen dir viel Erfolg bei der Arbeit mit dieser Probensammlung und für dein gesamtes 6. Schuljahr.

Mandana Mandl Miriam Reichel

1. Auflage 2011

Lektorat: Lorenz Maus - München, Johanna Fangmeier – Inning a. Ammersee;
Logogestaltung: Michael Reichel, www.m5art.de

www.schulproben-bayern.de
www.MaMis-Verlag.de

Informatives:

In dieser Reihe erhältlich:

2. Klasse:	Deutsch, Mathematik, Heimat- und Sachunterricht (HSU)
3. Klasse:	Deutsch, Mathematik, Heimat- und Sachunterricht (HSU)
4. Klasse:	Deutsch, Mathematik, Heimat- und Sachunterricht (HSU)
3./4. Klasse:	Lese-Probenbuch
5./6. Klasse:	Deutsch, Mathematik Gymnasium

Ferienkalender für Bayern:

	2011	**2012**	**2013**
Fasching	07.03. - 11.03.	20.02. – 24.02.	11.02. - 15.02.
Ostern	18.04. - 30.04.	02.04. – 14.04.	25.03. - 06.04.
Pfingsten	14.06. - 25.06.	29.05. - 09.06.	21.05. - 31.05.
Sommer	30.07. - 12.09.	01.08. - 12.09.	31.07. - 11.09.
Herbst	31.10. – 05.11.	29.10. - 03.11.	28.10. - 31.10.
Weihnachten	27.12. – 05.01.	24.12. - 06.01.	23.12. - 04.01.

Ferienkalender für Baden-Württemberg:

	2011	**2012**	**2013**
Ostern	26.04. - 30.04.	02.04. - 13.04.	25.03. - 05.04.
Pfingsten	14.06. - 25.06.	29.05. - 09.06.	21.05. - 01.06.
Sommer	28.07. - 10.09.	26.07. - 08.09.	25.07. - 07.09.
Herbst	31.10. – 02.11.	29.10. - 02.11.	28.10. - 30.10.
Weihnachten	23.12. – 05.01.	24.12. - 06.01.	23.12. - 04.01.

Quelle: http://www.schulferien.org

Inhaltsverzeichnis

1 Lehrplan der 6. Klasse in Mathematik

Die Umsetzung des Lehrplans, die Schwerpunktfestlegung sowie der chronologische Ablauf liegen in der Regel beim Lehrer oder bei der Schule. Die nachfolgenden Themen müssen jedoch alle durchgenommen werden.

Der Lehrplan der 6. Klasse sieht folgende Schwerpunkte vor:

1. Die natürlichen Zahlen und ihre Darstellung
   - Wiederholung der Grundrechenarten
   - Zahlendarstellung im Dezimalsystem
   - Umgang mit hohen natürlichen Zahlen
2. Rechnen mit natürlichen Zahlen
   - Mündliche und schriftliche Vertiefung der Grundrechenarten
   - Gleichungen und Ungleichungen
   - Anwendung der 4 Grundrechenarten und Einhaltung von mathematischen Regeln
3. Rechnen mit Brüchen
   - Umgang mit echten Brüchen - Grundrechenarten, Erweitern und Kürzen
   - Umgang mit Dezimalbrüchen - Grundrechenarten
4. Prozentrechnen
5. Rechnen mit Größen und Maßeinheiten
   - Rechnen und Umwandeln mit Zeit-, Längen- und Gewichtseinheiten sowie Hohlmaßen
   - Sachaufgaben zu Größen
   - Üben mit Größen und Umwandeln bekannter Größen
6. Geometrie – Grundformen und -begriffe
   - Grundformen und deren Eigenschaften: Würfel, Quader, Prisma …
   - Definition von geometrischen Grundbegriffen: Gerade, Punkt, Strecke …
   - Eigenschaften verschiedener Flächen: Kreis, Quadrat, Dreieck …
   - Flächen- und Rauminhalt
7. Wiederholung der Teilbarkeit von natürlichen Zahlen
   - Teilbarkeitsregeln
   - Primzahlen
   - Primfaktorzerlegung
   - Größter gemeinsamer Teiler
   - Kleinstes gemeinsames Vielfaches von Zahlen

2 Grundwissen aus der 5. Klasse in Mathematik

2.1 Sach- und Textaufgaben

Bei Sach- und Textaufgaben muss man Wesentliches vom Unwesentlichen unterscheiden. Lies die Aufgabe genau durch und unterstreiche alle Zahlen und alle Ausdrücke, die auf eine Rechenoperation hindeuten (z. B. addiere, dividiere, zähle hinzu subtrahiere …). Versuche herauszufinden, was für die Lösung bzw. für die Beantwortung der Frage wichtig ist!

Sachaufgaben sind in ihren Rechenoperationen meistens nicht sehr schwer. Die Kinder sollen lernen einen Sachverhalt zu verstehen und diesen in entsprechende Rechenoperationen umzusetzen. Manchmal musst du sogar selbstständig die Frage erkennen. Bei Textaufgaben sagen Kinder sehr schnell: „Das kann ich nicht!" oder „Das verstehe ich nicht!" Um Kindern hier Sicherheit zu geben, kann man sie unterstützen den Rechenweg **eigenständig** zu finden und dann üben, üben, üben.

2.2 Natürliche Zahlen

Zahlenmengen:

Die natürlichen Zahlen sind positive, ganze Zahlen. Die Menge der natürlichen Zahlen wird mit dem Symbol $\mathbb{N}$ dargestellt:

$\mathbb{N} = \{1,2,3,4,5,6,7,8,9,10,11, \ldots\}$

Die Menge der natürlichen Zahlen $\mathbb{N}$ (N) ist unendlich, d.h. es gibt keine größte natürliche Zahl. (Manchmal wird die Zahl Null zu den natürlichen Zahlen gezählt $\mathbb{N}_0$)

Große Zahlen und Zehnerpotenzen:

Seit der fünften Klasse gibt es eigentlich keine Zahlengrenzen mehr für dich. Hier ein paar hohe Zahlen, damit du diese sprachlich und mathematisch einordnen kannst.

1 Tausend	= 1 000	$= 10^3$	(Aussprache: 10 hoch drei)
1 Million	= 1 000 000	$= 10^6$	(10 hoch sechs)
1 Milliarde	= 1 000 000 000	$= 10^9$	(10 hoch neun)
1 Billion	= 1 000 000 000 000	$= 10^{12}$	(10 hoch zwölf)

Die „Hochzahl" (Potenz) gibt bei der Zehnerpotenz die Anzahl der Nullen an.

Runden von Zahlen:

Beim Runden einer Zahl wird die Stelle angegeben, auf die gerundet werden muss (Hunderter, Zehner ...). Du musst nun die Ziffer rechts von dieser Stelle betrachten. Bei den Ziffern **1,2,3,4** wird **ab**gerundet. Bei den Ziffern **5,6,7,8,9** wird **auf**gerundet.
Beispiel:

Runden auf	**Ganze Zahl**	**Zehntel**	**Hundertstel**	**Tausendstel**
1,2345	1	1,2	1,23	1,235
2,6572	3	2,7	2,66	2,657

2.3 Primzahlen

Eine Primzahl ist eine Zahl, die >= 2 ist und nur durch 1 und sich selbst teilbar ist.

Primzahlen bis 1000

2	3	5	7	11	13	17	19	23	29	31	37
41	43	47	53	59	61	67	71	73	79	83	89
97	101	103	107	109	113	127	131	137	139	149	151
157	163	167	173	179	181	191	193	197	199	211	223
227	229	233	239	241	251	257	263	269	271	277	281
283	293	307	311	313	317	331	337	347	349	353	359
367	373	379	383	389	397	401	409	419	421	431	433
439	443	449	457	461	463	467	479	487	491	499	503
509	521	523	541	547	557	563	569	571	577	587	593
599	601	607	613	617	619	631	641	643	647	653	659
661	673	677	683	691	701	709	719	727	733	739	743
751	757	761	769	773	787	797	809	811	821	823	827
829	839	853	857	859	863	877	881	883	887	907	911
919	929	937	941	947	953	967	971	977	983	991	997

Primfaktorenzerlegung:

Jede Zahl lässt sich eindeutig als ein Produkt von Primfaktoren darstellen.

Beispiele:

$30 = 2 \cdot 15 = 2 \cdot 3 \cdot 5$

$49 = 7 \cdot 7$

$55 = 5 \cdot 11$

$60 = 2 \cdot 30 = 2 \cdot 2 \cdot 15 = 2 \cdot 2 \cdot 3 \cdot 5$

Primfaktorenzerlegung, der nicht durch 2, 3 oder 5 teilbaren Zahlen bis 1000:

49 = 7 · 7	77 = 7 · 11	91 = 7 · 13	119 = 7 · 17
121 = 11 · 11	133 = 7 · 19	143 = 11 · 13	161 = 7 · 23
169 = 13 · 13	187 = 11 · 17	203 = 7 · 29	209 = 11 · 19
217 = 7 · 31	221 = 13 · 17	287 = 7 · 41	289 = 17 · 17
299 = 13 · 23	301 = 7 · 43	319 = 11 · 29	323 = 17 · 19
329 = 7 · 47	341 = 11 · 31	343 = 7 · 7 · 7	361 = 19 · 19
371 = 7 · 53	377 = 13 · 29	391 = 17 · 23	403 = 13 · 31
437 = 19 · 23	451 = 11 · 41	469 = 7 · 67	473 = 11 · 43
481 = 13 · 37	493 = 17 · 29	497 = 7 · 71	511 = 7 · 73
517 = 11 · 47	527 = 17 · 31	529 = 23 · 23	533 = 13 · 41
539 = 7 · 7 · 11	551 = 19 · 29	583 = 11 · 53	589 = 19 · 31
611 = 13 · 47	623 = 7 · 89	629 = 17 · 37	637 = 7 · 7 · 13
649 = 11 · 59	667 = 23 · 29	671 = 11 · 61	679 = 7 · 97
689 = 13 · 53	697 = 17 · 41	703 = 19 · 37	707 = 7 · 101
737 = 11 · 67	749 = 7 · 107	763 = 7 · 109	767 = 13 · 59
779 = 19 · 41	781 = 11 · 71	791 = 7 · 113	793 = 13 · 61
799 = 17 · 47	803 = 11 · 73	817 = 19 · 43	833 = 7 · 7 · 17
841 = 29 · 29	847= 7 · 11 · 11	889 = 7 · 127	893 = 19 · 47
899 = 29 · 31	901 = 17 · 53	913 = 11 · 83	917 = 7 · 131
923 = 13 · 71	931 = 7 · 7 · 19	943 = 23 · 41	949 = 13 · 73
959 = 7 · 137	961 = 31 · 31	973 = 7 · 139	979 = 11 · 89

2.4 Die Grundrechenarten

Nachfolgend werden die Grundrechenarten beschrieben:

Addition:	Summand	+	Summand	=	Summe
Subtraktion:	Minuend	-	Subtrahend	=	Differenz
Multiplikation:	Faktor	·	Faktor	=	Produkt
Division:	Dividend	:	Divisor	=	Quotient
Potenz:	Basis	hoch	Exponent	=	Wert der Potenz

a) Schriftliches Addieren

Bei der schriftlichen Addition werden die Zahlen untereinander geschrieben. Hierbei musst du darauf achten, dass du die Zahlen gemäß ihrer Stelle (Hunderter, Zehner, Einer) sauber untereinander schreibst. Dann werden die Zahlen einzeln von rechts (hinten) beginnend addiert. Überschreitet die einzelne Addition die Zehnerstelle, so wird diese für die nächste Addition vorgemerkt.

Besondere Zahlen: Die Zahl 0 ändert bei einer Addition den Wert der Summe <u>nicht</u>.

b) Schriftliches Subtrahieren

Bei der schriftlichen Subtraktion werden die Zahlen untereinander geschrieben und einzeln von hinten beginnend subtrahiert. Ist die untere Zahl größer als die obere Zahl, so leihst du dir von der nächsten Stelle eine Zehnerstelle und subtrahierst sie bei der ursprünglichen Zahl.

Die **Zahl 0** ändert bei einer Subtraktion den Wert der Subtraktion <u>nicht</u>.

c) Gemischtes Addieren und Subtrahieren ohne Klammern

Bilde die <u>Summe der Plusglieder</u> und **subtrahiere** die <u>Summe der Minusglieder</u> davon.

<u>Beispiel</u>: $65 - 18 + 23 - 12 + 5 - 25 = 65 \underline{-18} + 23 \underline{-12} + 5 \underline{-25} =$

$(65 + 23 + 5) \quad - \quad \underline{(18 + 12 + 25)} = 93 - 55 = \mathbf{38}$

Summe Plusglieder – Summe Minusglieder

d) Schriftliches Multiplizieren

Multiplizieren bedeutet mal nehmen. Die Multiplikation ist die Umkehrung der Division (und umgekehrt). Bei der schriftlichen Multiplikation schreibst du die beiden Faktoren nebeneinander, wobei du darauf achten solltest die größere Zahl zuerst hinzuschreiben (rechnet sich leichter). Ziehe nun einen Strich unter deine Rechnung und multipliziere die erste Zahl des zweiten Faktors mit dem ersten Faktor. Anschließend die zweite Zahl des 2. Faktors mit dem 1. Faktor, wobei du nun beim Ergebnis um eine Stelle nach rechts rücken musst. Schließlich multiplizierst du die 3. Zahl des 2. Faktors mit dem 1. Faktor, und bei dem Ergebnis musst du wieder um eine Stelle nach rechts rutschen (dies wird solange durchgeführt, bis du alle Zahlen des zweiten Faktors mit dem ersten Faktor multipliziert hast). Nun musst du die einzelnen Multiplikationen addieren und du erhältst dein Endergebnis.

Tipp:

Wenn du große Zahlen, die auf Nullen enden, multiplizieren musst, kannst du im ersten Schritt die Nullen einfach weglassen und sie am Ende wieder anhängen.

Beispiel: $5 \cdot 800 =$ _______ Rechne: $5 \cdot 8 = 40$

Da du aber nicht mit 8 multiplizieren musst, sondern mit 800, hängst du einfach die zwei fehlenden Nullen an dein Ergebnis, d.h.:

40 wird zu 4000 → $5 \cdot 800 = 4000$

Oder : $50 \cdot 800 =$ _______

Hier kannst du wie im ersten Beispiel rechnen

$5 \cdot 8 = 40$

Diesmal ist die eigentliche Aufgabe aber $50 \cdot 800$ – insgesamt gehen 3 Nullen ab. Kein Problem, du hängst einfach 3 Nullen an dein obiges Ergebnis:

5**0** · 8**00** = 40**000**

Multiplizieren von Dezimalbrüchen:

Beim Multiplizieren von Dezimalbrüchen lässt du am besten erst einmal die Kommata weg. Am Ende darfst du allerdings **nicht vergessen**, das Komma wieder zu setzen. Hierfür addierst du die Anzahl der Ziffern hinterm Komma, um dann beim Ergebnis von hinten anzufangen zu zählen, bis du die Anzahl der Ziffern hinterm Komma erreicht hast, und das Komma setzen kannst.

Bsp.: 1,25 · 8 = 10,00

NR: 125 · 8 = 1000 → Komma setzen (Ziffern hinterm Komma: 2) : 10,00

2,35 · 2,4 = 5,640 = 5,64

```
NR:   235 · 24  = 5640
      470       = 2 · 24
       940      = 4 · 24
      5640
```

5640 → Komma setzen (Ziffern hinterm Komma: 3) : 5,640

e) Schriftliches Dividieren

Dividieren bedeutet teilen. Die Division ist die Umkehrung der Multiplikation (und umgekehrt). Bei der schriftlichen Division werden der Dividend (1. Zahl) und der Divisor (2. Zahl) nebeneinander hingeschrieben. Du nimmst die erste Zahl des Dividenden und prüfst, ob der Divisor hineinpasst. Ist dies der Fall, so schreibst du das Ergebnis neben das ‚='- Zeichen und anschließend multiplizierst du dein Ergebnis mit dem Divisor und schreibst das Resultat unter den Dividenden. Das Produkt, das du gerade erhalten hast, ziehst du von der Zahl, durch die du zuvor geteilt hast, ab und holst dir die nächste Zahl des Dividenden herab. Nun beginnst du wieder mit der Prüfung, ob der Divisor in diese Zahl hineinpasst und so weiter.

Tipp:

Auch bei der Division kannst du es dir etwas einfacher machen, wenn du mit großen Zahlen, die auf Nullen enden rechnen musst. Auch hier kannst du im ersten Schritt die Nullen einfach weglassen und sie am Ende eventuell wieder anhängen.

Beispiel: 350 : 7 = _______ Rechne: 35 : 7 = 5

Da du aber nicht 35 sondern 350 als Dividend (erste Zahl) hast, hängst du an dein Ergebnis einfach eine 0 an. D.h. 350 : 7 = 50.

Noch ein Beispiel:

350 : 70 = _____ Rechne: 35~~0~~ : 7~~0~~ = 35 : 7 = 5

In diesem Beispiel hast du auf beiden Seiten Nullen stehen. Hier kannst du einfach auf beiden Seiten die **gleiche Anzahl an Nullen** streichen. Dann brauchst du beim Ergebnis noch nicht einmal etwas verändern.

Noch ein paar Beispiele, um sicher zu gehen, dass du es verstanden hast:

350~~00~~ : 7~~00~~ = _____ Rechne: 350 : 7 = 50 (siehe 1. Beispiel)

40~~0~~ : 4~~0~~ = 4~~0~~ : 4 = **10**
81~~0~~ : 9~~0~~ = 81 : 9 = **9**
99~~000~~ : 33~~000~~ = 99 : 33 = **3**
2,1 : 7 = **0,3**
99,99 : 33 → 99,99 : 33 = **3,3**
99
009
099

Beachte, du darfst nur die gleiche Anzahl Nullen auf beiden Seiten wegstreichen oder beim Dividend (linke Zahl) erst mal eine Null weglassen, dann musst du sie aber am Ende ans Ergebnis wieder anhängen!

2.5 Teilbarkeitsregeln

In der nachstehenden Tabelle stehen ein paar Tipps, wie du ohne groß zu rechnen, erkennen kannst, ob eine Zahl durch eine andere Zahl teilbar ist.

Eine Zahl ist genau dann teilbar durch:

Divisor	**Regel für Dividend**
2	wenn ihre letzte Ziffer eine 0 oder eine gerade Zahl ist, d.h. eine 2, 4, 6 oder 8
3	wenn die Quersumme (die Summe der einzelnen Ziffern) durch 3 teilbar ist.
4	wenn ihre letzten beiden Ziffern eine Zahl ergeben, die durch 4 teilbar ist.
5	wenn ihre letzte Ziffer eine 0 oder eine 5 ist.
8	wenn ihre letzten drei Ziffern eine Zahl ergeben, die durch 8 teilbar ist.
9	wenn die Quersumme durch 9 teilbar ist.
10	wenn ihre letzte Ziffer eine 0 ist.
11	wenn bei einer 3stelligen Zahl die erste und die letzte Zahl zusammen die mittlere Zahl ergeben. 253 → 2+3=5 → 253 : 11 = 23. Allgemein gilt: Eine Zahl ist durch 11 teilbar, wenn die Summe aus ihrer Rechtszahl und ihrer Linkszahl durch 11 teilbar ist. Die Rechts- bzw. die Linkszahl erhältst du, indem du die zu überprüfende Zahl nach der 10er Stelle trennst. 2882 : 11 → 28 + 82 = 110 → 2882 : 11 = 262
12	wenn die Zahl sowohl durch 3 als auch 4 teilbar ist.

Prüfe zur Übung, ob folgende Zahlen durch 11 teilbar sind.

	Summe Links- /Rechtszahl	Ergebnis
1694		
6446		
13796		
68585		

Eine Division durch 0 ist grundsätzlich <u>nicht</u> erlaubt!

Ist der <u>Dividend 0</u>, so ist das Ergebnis <u>immer</u> 0, egal wie der Divisor heißt. Umgekehrt ist die <u>Multiplikation mit 0</u> ebenfalls <u>immer 0</u>.

z.B. $0 : 8 = 0$

$8 \cdot 0 = 0$

$100 \cdot 0 = 0$

Die <u>Zahl 1</u> ändert bei der Multiplikation den Wert des Produktes nicht. Ebenso hat die Zahl 1 als Divisor keinen Einfluss auf den Dividend.

z.B.: $55 : 1 = 55$

$55 \cdot 1 = 55$

2.6 Teilermengen

Die Teilermenge T einer Zahl enthält alle Zahlen, durch die eine Zahl geteilt werden kann, z.B.: $T_8 = \{1, 2, 4, 8\}$

Jede Zahl ist immer durch 1 und durch sich selbst teilbar.

In der Mathematik interessiert häufig nur der größte gemeinsame Teiler (**ggT**) von zwei oder mehreren Zahlen oder das kleinste gemeinsame Vielfache (**kgV**).

2.6.1 Der größte gemeinsame Teiler

Den ggT von zwei Zahlen erhältst du, indem du die beiden Zahlen zunächst in Primfaktoren zerlegst, anschließend alle gemeinsamen Primfaktoren heraussuchst und diese miteinander multiplizierst.

Beispiel: Bestimme den größten gemeinsamen Teiler: → ggT (36; 96)

1. Primfaktorenzerlegung:

$$36 = \underline{2 \cdot 2} \cdot 3 \cdot \underline{3}$$

$$96 = \underline{2 \cdot 2} \cdot 2 \cdot 2 \cdot 2 \cdot \underline{3}$$

2. Alle gemeinsamen Primfaktoren miteinander multiplizieren:

$$\text{ggT}(36; 96) = (2 \cdot 2 \cdot 3) = 12$$

2.6.2 Das kleinste gemeinsame Vielfache

Das kleinste gemeinsame Vielfache zweier Zahlen erhältst du, wenn du die Schnittmenge ihrer Vielfachmengen bildest.

Beispiel: Bestimme das kleinste gemeinsame Vielfache von 12 und 16.

1. Vielfachmengen: $V_{12} = \{12, 24, 36, \mathbf{48}, 60, 72, 84, \mathbf{96}, 108, 120 ...\}$

   $V_{16} = \{16, 32, \mathbf{48}, 64, 80, \mathbf{96}, 112, 128 ...\}$

2. Bestimmen der gemeinsamen Vielfachen von 12 und 16:

   48 und **96**

Das kleinste gemeinsame Vielfache ist also: **kgV (12,16) = 48**

Sobald du das kgV zweier Zahlen kennst, kennst du alle gemeinsamen Vielfachen, denn du brauchst das kgV nur mit 2,3,4,5,... multiplizieren, und erhältst alle weiteren gemeinsamen Vielfachen.

Du kannst das kleinste gemeinsame Vielfache auch durch eine Primfaktorenzerlegung ermitteln.

1. Beide Zahlen werden in Primfaktoren zerlegt:

$$12 = 2 \cdot 2 \cdot 3$$

$$18 = 2 \cdot 3 \cdot 3$$

2. Schreibe die Primfaktorenzerlegung in Potenzschreibweise:

$$12 = \mathbf{2^2} \cdot 3$$

$$18 = 2 \cdot \mathbf{3^2}$$

3. Nun nimmst du von beiden Zahlen jeweils die höchste Potenz der auftretenden Primfaktoren und multiplizierst diese miteinander.

$$\mathbf{kgV(12,18)} = \mathbf{2^2} \cdot \mathbf{3^2} = 4 \cdot 9 = \mathbf{36}$$

Du kannst auf diese Art und Weise auch das kgV von mehreren Zahlen bestimmen.

Beispiel: Bestimme das kgV von 8, 12 und 18

1. $8 = 2 \cdot 2 \cdot 2 = \mathbf{2^3}$

   $12 = 2 \cdot 2 \cdot 3 = \mathbf{2^2} \cdot 3$

   $18 = 2 \cdot 3 \cdot 3 = 2 \cdot \mathbf{3^2}$

2. $\mathbf{kgV\ (8,12,18)} = 2^3 \cdot 2^2 \cdot 3^2 = 8 \cdot 4 \cdot 9 \mathbf{= 288}$

2.7 Lösungsmenge

Für eine mathematische Gleichung gilt: Auf beiden Seiten des „=" muss dasselbe stehen → linke Seite = rechte Seite.
Bei einem Term mit einer Unbekannten x besteht die Lösung häufig aus genau einem Ergebnis. Es gibt aber auch Fälle, wo es eine Lösungsmenge $\mathbb{L}$ (L) gibt, d.h. für x können verschiedene Zahlen stehen und es gilt immer noch:
linke Seite = rechte Seite

$2 \cdot x - 10 = 16$ → $2 \cdot x = 16 + 10 = 26$ → $x = 26 : 2 = 13$
Die Lösungsmenge lautet: $\mathbb{L} = \{13\}$

$x^2 = 2 \cdot x$ → $0^2 = 2 \cdot 0 = 0$ $2^2 = 2 \cdot 2 = 4$;
Die Lösungsmenge lautet: $\mathbb{L} = \{0, 2\}$

2.8 Rechenfertigkeiten

Das kleine Einmaleins solltest du unbedingt auswendig können. Vom großen Einmaleins (1x1) solltest du auch die Tabelle beherrschen:

1	**11**	**12**	**13**	**14**	**15**
2	22	24	26	28	30
3	33	36	39	42	45
4	44	48	52	56	60
5	55	60	65	70	75
6	66	72	78	84	90
7	77	84	91	98	105
8	88	96	104	112	120
9	99	108	117	126	135
10	110	120	130	140	150
Quadratzahl	$11^2 = 121$	$12^2 = 144$	$13^2 = 169$	$14^2 = 196$	$15^2 = 225$

Eine Potenz ist die mehrfache Multiplikation eines Faktors.

$a^2 = a \cdot a$ Aussprache: a hoch 2

$a^3 = a \cdot a \cdot a$ Aussprache: a hoch 3

$a^n = a \cdot a \cdot a \ldots \cdot a$ Aussprache: a hoch n, wobei n eine beliebige natürliche Zahl sein kann

Beispiele:

$10^2 = 10 \cdot 10 = 100$

$10^3 = 10 \cdot 10 \cdot 10 = 1000$

Wichtige Potenzen, die du ebenfalls auswendig können solltest:

$2^3 = 2 \cdot 2 \cdot 2 = 8$

$3^3 = 3 \cdot 3 \cdot 3 = 27$

$10^3 = 10 \cdot 10 \cdot 10 = 1000$

$10^6 = 10 \cdot 10 \cdot 10 \cdot 10 \cdot 10 \cdot 10 = 1000000$

$2^{10} = 1024$

Du solltest natürlich auch alle Rechnungen in ihrer Umkehrung kennen. D.h., wenn du obenstehende Multiplikationen vor Augen hast, musst du automatisch das Ergebnis der Division kennen:

$11 \cdot 11 = 121$ → $121 : 11 = 11$; $15^2 = 225$ → $225 : 15 = 15$; $3 \cdot 13 = 39$ → $39 : 13 = 3$
...

2.9 Negative Zahlen

Negative Zahlen sind alle Zahlen kleiner Null. Die negativen Zahlen bestehen aus dem Vorzeichen und dem Betrag (Wert). Der Betrag einer Zahl wird folgendermaßen dargestellt: $|x|$ (lies: Betrag von x), wobei x sowohl eine positive als auch eine negative Zahl sein kann. Der Betrag einer Zahl ist immer der Abstand zu der Zahl 0. Deshalb gilt: **$|+x| = |-x|$**

Beispiel: -10 der Betrag dieser Zahl ist 10 und das Vorzeichen Minus
+10 auch hier ist der Betrag 10, aber das Vorzeichen ist Plus, dieses wird in der Regel nicht explizit geschrieben.
Der Betrag von -10 und +10 ist identisch, nämlich 10, der **Wert** jedoch unterscheidet sich deutlich, nämlich um 20

Wir versuchen die Zahlen am Zahlenstrahl zu veranschaulichen:

```
___|_____|_____|_____|_____|_____|_____|_____|_____|_____>
 -20   -15   -10   -5     0     5    10    15    20
```

Bei der Multiplikation und Division von negativen und positiven Zahlen kannst du dir folgende Regel merken:

Zwei Zahlen werden miteinander multipliziert oder dividiert, indem du zunächst nur ihre Beträge für die Rechenoperation heranziehst. Nun hast du den Betrag deines Ergebnisses. Mathematisch relevant ist jedoch der Wert des Ergebnisses. **Für den Wert des Ergebnisses sind die Vorzeichen maßgeblich**.

Haben die beiden Zahlen gleiche Vorzeichen, so erhält das Ergebnis das Vorzeichen „+". Haben beide Zahlen unterschiedliche Vorzeichen, so erhält das Ergebnis das Vorzeichen „-".

Folgende Vorzeichenregeln musst du dir merken:

$$+(+x) = +x$$
$$+(-x) = -x$$
$$-(+x) = -x$$
$$-(-x) = +x$$
$$(+x) \cdot (+y) = +(x \cdot y)$$
$$(+x) \cdot (-y) = -(x \cdot y)$$
$$(-x) \cdot (+y) = -(x \cdot y)$$
$$(-x) \cdot (-y) = +(x \cdot y)$$
$$(+x) : (+y) = +(x : y)$$
$$(-x) : (+y) = -(x : y)$$
$$(+x) : (-y) = -(x : y)$$
$$(-x) : (-y) = +(x : y)$$

2.10 Ganze Zahlen

Die Menge der natürlichen Zahlen N und die Menge der negativen Zahlen ergeben gemeinsam mit der Zahl 0 die Menge Z der ganzen Zahlen.

Z = { ..., -5, -4, -3, -2, -1, 0, 1, 2, 3, 4, 5, ... }

Jede Ganze Zahl hat ein Vorzeichen entweder + oder -. Steht nicht explizit ein Vorzeichen da, musst du dir als Vorzeichen + denken.

Die Menge der ganzen Zahlen ist unendlich.

2.11 Rechenregeln

2.11.1 Punkt vor Strich

Die „Punkt vor Strich“- Regel besagt, dass bei einer Aufgabe, die sowohl Strichrechnungen (Plus und Minus) als auch Punktrechnungen (Mal und Geteilt) beinhaltet, die Punktrechnungen zuerst gerechnet werden und dann die Strichrechnungen. Sind Klammern vorhanden, gehen diese aber vor.

D.h., es gilt: **„Punkt vor Strich, die Klammer sagt: ‚Zuerst komm ich!‘ “**

Klammer vor Punkt vor Strich!

Beispiele:

$2 \cdot 3 + 6 = (2 \cdot 3) + 6 = 6 + 6 = 12$	Hier musst du dir die Klammern denken
$2 \cdot (3 + 6) = 2 \cdot (9) = 18$	Sind Klammern vorhanden, so musst du auf jeden Fall die Klammern zuerst ausrechnen.

2.11.2 Assoziativgesetz

Das Assoziativgesetz bezieht sich lediglich auf Additionen und Multiplikationen.

Bei einer Addition dürfen die Summanden beliebig zusammengefasst werden, ohne dass sich das Ergebnis ändert.

Bei einer Multiplikation können die Faktoren in beliebiger Reihenfolge zusammengefasst werden, ohne dass sich das Ergebnis des Produktes verändert.

Allgemein:

Addition: $a + b + c + d = (a + b) + (c + d) = a + (b + c) + d$

oder $(x + y) + z = x + (y + z)$

Multiplikation: $a \cdot b \cdot c = (a \cdot b) \cdot c = a \cdot (b \cdot c)$
oder $(x \cdot y) \cdot z = x \cdot (y \cdot z)$

Beispiele:

Addition: $2 + 4 + 7 + 9 = (2 + 4) + (7 + 9) = 2 + (4 + 7) + 9 = 22$
Multiplikation: $2 \cdot 3 \cdot 4 = (2 \cdot 3) \cdot 4 = 2 \cdot (3 \cdot 4)$
$6 \cdot 4 = 2 \cdot 12 = 24$

2.11.3 Kommutativgesetz

Das Kommutativgesetz bezieht sich lediglich auf Additionen und Multiplikationen.

Bei einer Addition dürfen die Summanden beliebig vertauscht werden, ohne dass sich das Ergebnis verändert.

Bei einer Multiplikation können die Faktoren in beliebiger Reihenfolge angeordnet werden, ohne dass sich das Ergebnis des Produktes verändert.

Allgemein gilt:

Addition: $\mathbf{x + y = y + x}$

Oder $a + b + c + d = a + c + d + b = c + b + d + a$

Multiplikation: $\mathbf{x \cdot y = y \cdot x}$

oder $a \cdot b \cdot c = a \cdot c \cdot b = c \cdot a \cdot b$

Beispiele:

Addition: $2 + 4 + 7 = 4 + 7 + 2 = 2 + 7 + 4 = \mathbf{13}$

Multiplikation: $2 \cdot 3 = 3 \cdot 2 = 6$

2.11.4 Distributivgesetz

Das Distributivgesetz besagt, dass in einer Summe mit Produkten **gleiche Faktoren** zusammengefasst werden können, ohne dass sich das Ergebnis ändert.

Allgemein: $\mathbf{a} \cdot b + \mathbf{a} \cdot c = \mathbf{a} \cdot (b + c)$
Oder $x \cdot (y + z) = x \cdot y + x \cdot z$

Beispiel: $2 \cdot 4 + 2 \cdot 6 = 8 + 12 = \mathbf{20}$
$\mathbf{2} \cdot 4 + \mathbf{2} \cdot 6 = \mathbf{2} \cdot (4 + 6) = 2 \cdot 10 = \mathbf{20}$ (Distributivgesetz ang.)

2.12 Terme

Ein Term besteht aus Zahlen, Rechenoperationen und Klammern. Beim Ausrechnen beginnst du mit der inneren Klammer. Die Art des Terms wird bestimmt durch seine letzte Rechenart.

Beispiel: (65 – 18) – [(23 – 12) + 25] = 47 – [11 + 25] = 47 – 36 = 11

Differenz Differenz

[-----Summe------]

{------ D i f f e r e n z --------}

Dieser Term ist gemäß der letzten Rechenart eine **Differenz**.

3 Grundwissen der 6. Klasse in Mathematik

3.1 Geometrie

3.1.1 Flächeninhalte von Drei – und Vierecken

Der Flächeninhalt der verschiedenen Formen berechnet sich immer nach bestimmten Formeln, die auswendig gelernt werden müssen. Relevant sind bei diesen Formeln die Höhe (h) und die Seitenlängen.

Wichtig ist auch der Unterschied zwischen Fläche und Körper.

Die Fläche bei dem unten gezeigten Bild ist ein Rechteck, der Körper aber wäre der Quader, der Kreis ist die Fläche, die Kugel der Körper.

Der **Flächeninhalt** ist die Größe der Fläche einer Figur; die Fläche kann man mit der flachen Hand bestreichen.

1) Das Rechteck

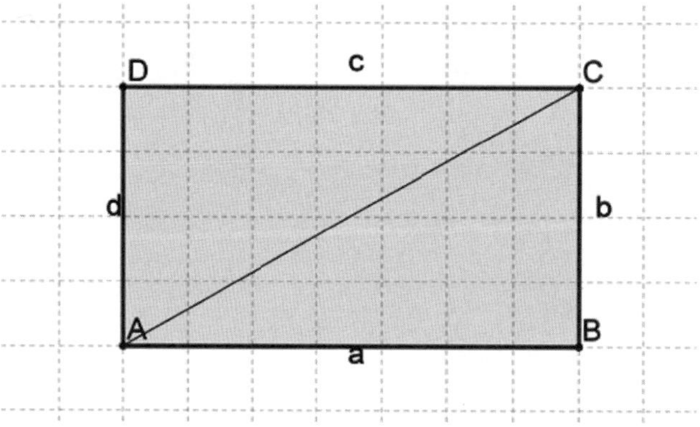

Die einzelnen Punkte werden alphabetisch und **gegen** den Uhrzeigersinn benannt.

a) Kennzeichen

Ein Rechteck hat vier rechte Winkel. Je zwei gegenüberliegende Seiten sind gleich lang und parallel. Die beiden Diagonalen sind gleich lang und halbieren einander.

b) Formel für den Flächeninhalt A:

$$A = a \cdot b$$

Hier entspricht die Höhe gleich der Seite b.

c) Beispiel 1

Wir berechnen den Flächeninhalt A des Bildes auf der letzten Seite und gehen davon aus, dass die Seite a = 3 cm lang ist und b = 2 cm.

$A = a \cdot b$; $\mathbf{A} = 3\text{ cm} \cdot 2\text{ cm} = 6\text{ cm}^2$

d) Beispiel 2

a = 8 cm; b = 3 cm

Formel: $A = a \cdot b$; $\mathbf{A} = 8\text{ cm} \cdot 3\text{ cm} = 24\text{ cm}^2$

2) Das Parallelogramm:

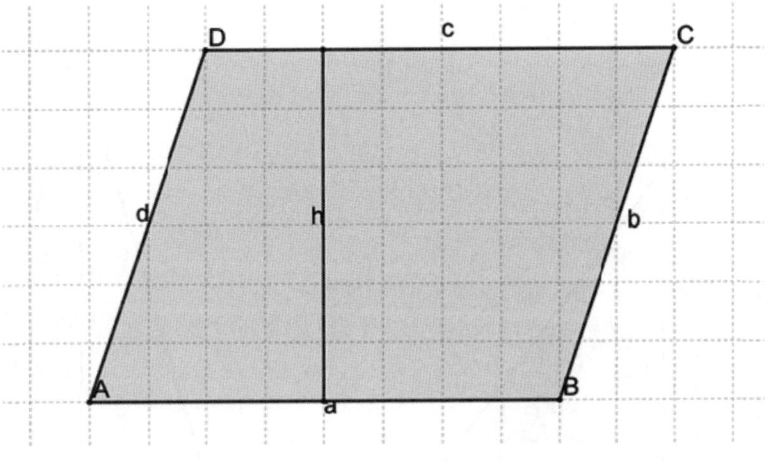

a) Kennzeichen

Ein Parallelogramm ist ein Viereck, in dem zwei gegenüberliegende Seiten jeweils parallel sind. Diese sind dann auch gleich lang. Die Strecke zwischen diesen beiden gegenüberliegenden Seiten heißt Höhe h.

Man kann das Parallelogramm um jeweils das gleiche Dreieck erweitern, dann erhält man wieder ein Rechteck.

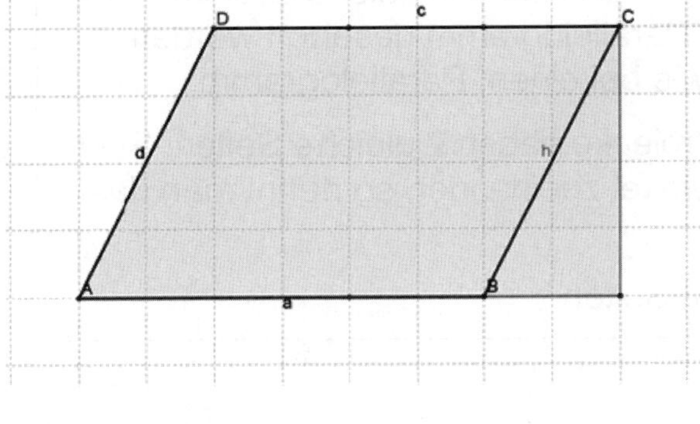

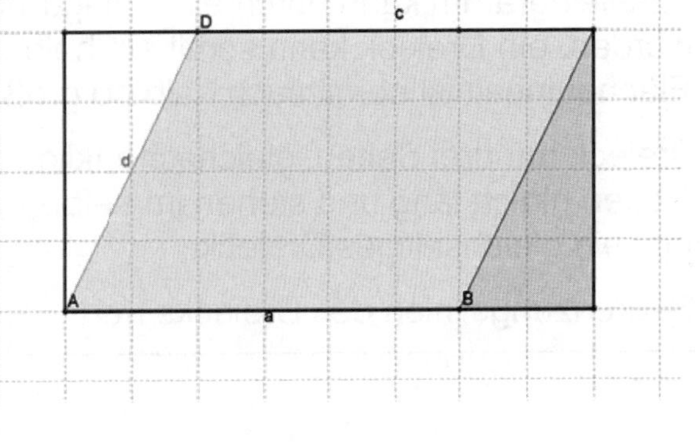

Die Höhe ist die Strecke eines Punktes auf der Strecke a zu einem gegenüberliegenden Punkt auf der Strecke c. Der Abstand zweier paralleler Seiten, wird als Höhe bezeichnet. Daher gibt es in jedem Parallelogramm zwei Höhen, darauf muss beim Einsetzen der Zahlen in die Formel geachtet werden! Die Höhe die zur Seite a gehört, ist die Höhe h (a) die Seite die zur Höhe b gehört die Höhe h (b).

b) Formel der Flächenberechnung

$$A = a \cdot h_a = b \cdot h_b$$

oder:

$A = g \cdot h_g$ (hier ist g die Grundseite oder Grundlinie und h die dazugehörige Höhe)

3) Das Dreieck

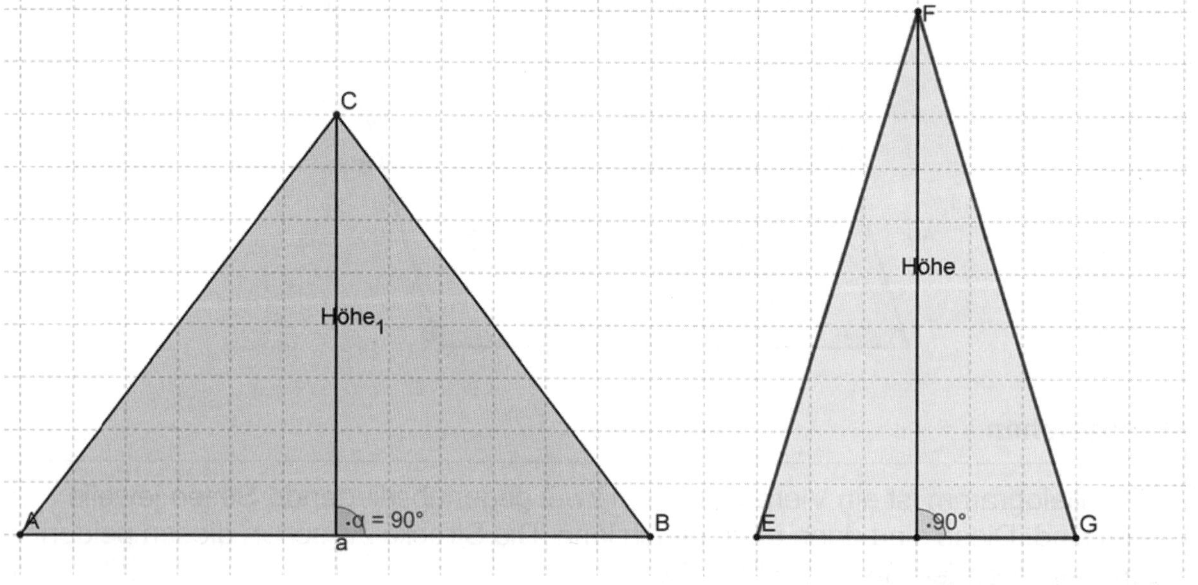

Dreieck ABC: Angenommen wird, dass die Seiten a, b und c sind je 2 cm, die Höhe h = 1,5 cm.

a) Kennzeichen

Ein Parallelogramm kann durch eine Diagonale in zwei flächengleiche Dreiecke geteilt werden, ein Dreieck kann somit als halbes Parallelogramm gesehen werden. Der Flächeninhalt ist somit auch halb so groß wie bei einem Parallelogramm.

Ein Dreieck hat drei Seiten, gleichschenklige Dreiecke haben 2 gleiche Seiten. Sind drei Seiten gleich lang und stehen im selben Winkel zueinander, so nennt man das Dreieck ein gleichseitiges Dreieck.

Die Begrenzungslinien des Dreiecks nennt man Seiten.

Das Dreieck ABC ist ein gleichseitiges Dreieck, also alle Seiten sind gleich lang.

Das Dreieck DEF ist ein gleichschenkliges Dreieck, die Seiten d und e sind gleich lang.

b) Formel zur Flächenberechnung eines Dreiecks

$$A = \frac{1}{2} \cdot a \cdot h_a$$

Berechnen wir also das Dreieck ABC dann ergibt sich:

$A = \frac{1}{2} \cdot a \cdot h_a$; $A = \frac{1}{2} \cdot 2\text{ cm} \cdot 1{,}5\text{ cm}$; $\frac{1}{2} \cdot 3\text{ cm}^2 = 1{,}5\text{ cm}^2$

c) Die Höhe eines Dreiecks

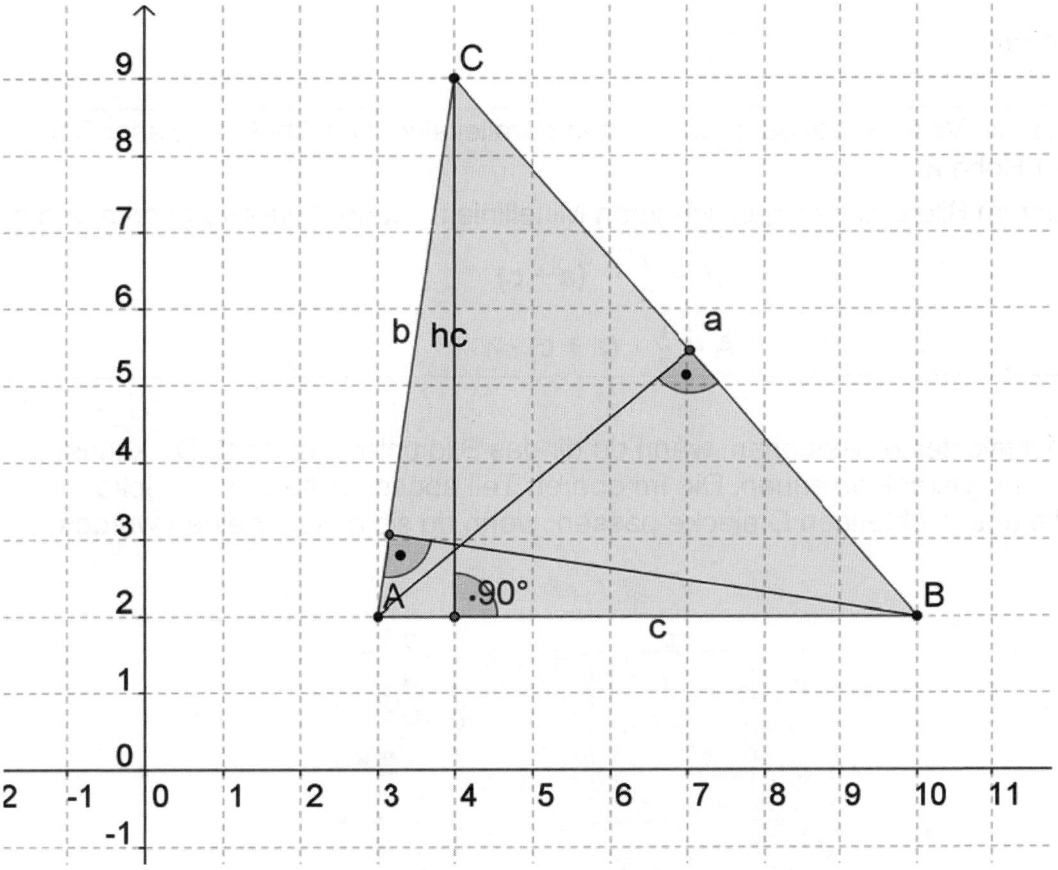

Unter einer **Höhe** versteht man das Lot von einem Punkt eines Dreiecks aus auf die gegenüberliegende Seite, dort steht es im 90° Winkel. Die drei Höhen eines Dreiecks schneiden sich in einem Punkt. Den Höhenschnittpunkt eines Dreiecks bezeichnet man auch als sein **Orthozentrum.**

Dreiecke, die in einer Seite und der dazu gehörigen Höhe übereinstimmen haben den gleichen Flächeninhalt.

4) Das Trapez

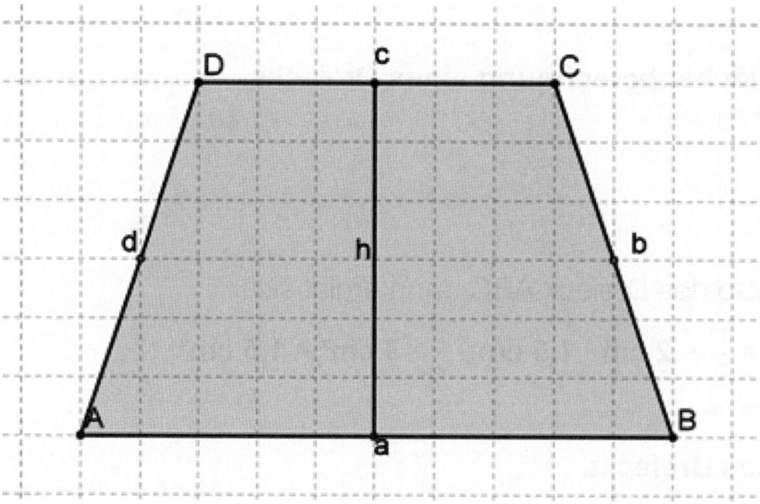

a) Kennzeichen

Ein Trapez ist ein Viereck, bei dem zwei Seiten parallel sind. Der Abstand dieser Seiten a und c heißt Höhe h.
Die Länge der im Bild unten eingezeichneten Mittellinie m ist der Mittelwert von a und c:

$$\mathbf{M = \frac{1}{2} \cdot (a + c)}$$

$$\mathbf{A = \frac{1}{2} \cdot (a + c)} \cdot h$$

Die Formel ist leichter zu verstehen, wenn du dir das Bild unten ansiehst. Du kannst ein eingezeichnetes Viereck erkennen. Die im oberen Teil abgeschnittenen Dreiecke würden in die unten fehlenden Dreiecke passen, wenn du sie ausschneiden würdest.

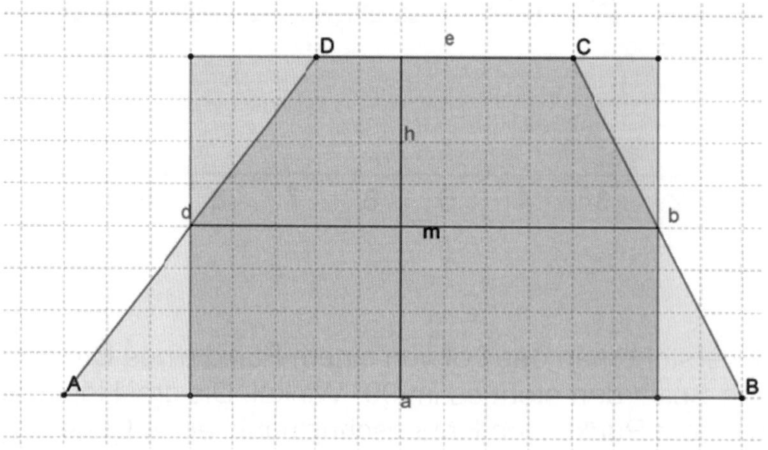

Oft kannst du dir auch andere Formen erschließen, indem du die Figuren zerteilst und die zerlegten Teile und ihren Flächeninhalt berechnest.

5) Das Drachenviereck:

a) Kennzeichen

Ein Drachenviereck ist ein achsensymmetrisches Viereck, bei dem die Symmetrieachse durch zwei Ecken geht. Die Diagonalen heißen e und f. Die Fläche kann man z.B. durch die Ergänzung zum Viereck bestimmen.

Ebenfalls ist ein Drachenviereck gegeben, wenn das Viereck zwei Paare gleich langer benachbarter Seiten besitzt (*AB=AD* und *BC=DC*).

Für jedes Dreieck (Deltoid) gilt:

- die Diagonalen stehen aufeinander senkrecht
- eine Diagonale halbiert die andere
- die einander gegenüberliegenden Winkel in den Eckpunkten B und D sind gleich groß
- die Diagonale durch die Eckpunkte A und C halbiert in diesen die Winkel

b) Skizze

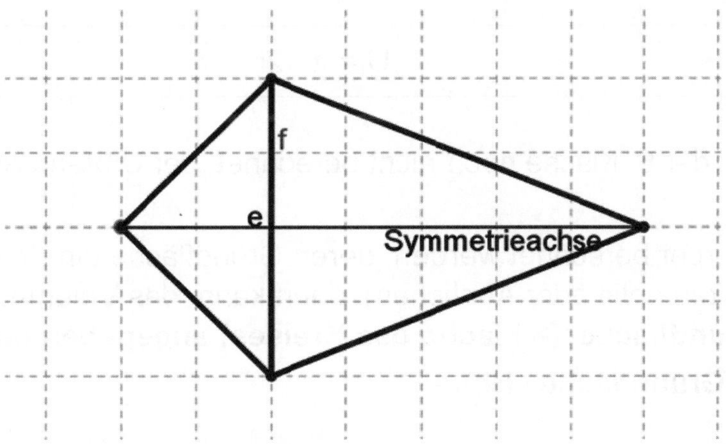

Wie man an der Skizze sieht, besteht ein Drachenviereck aus zwei flächengleichen Dreiecken, der Flächeninhalt beider Dreiecke kann addiert werden. Ebenso können auch die beiden anderen Dreiecke (linkes und rechtes) berechnet und addiert werden, einfacher ist natürlich z.B. das untere zu berechnen und zu verdoppeln, e und f sind dann die Seitenlänge (hier Symmetrieachse) und die Höhe.

c) Fläche

$$A = \frac{e \cdot f}{2}$$

Ebenso ist es möglich, wenn man die Längen der beiden Diagonalen kennt (Diagonalen des Vierecks), diese zu multiplizieren und durch 2 zu teilen. Wie die Fläche berechnet werden sollte, hängt von der Aufgabenstellung ab

6) Der Kreis

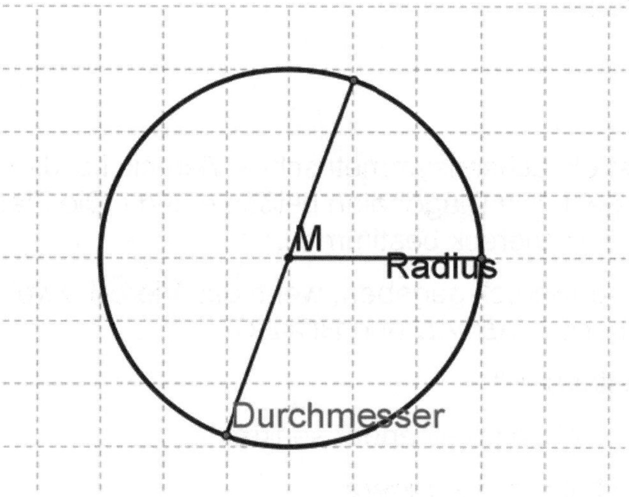

a) Kennzeichen

Ein Kreis ist die Menge aller Punkte, die von einem gegebenen Punkt M gleich weit entfernt liegen.

Der Kreis wird durch den Radius oder Durchmesser in seiner Größe bestimmt.

$$U = \pi \cdot 2r$$

Die Fläche wird in der 6. Klasse noch nicht berechnet, der Umfang auch selten.

Merke: Sollten Körper berechnet werden, deren Grundfläche ein Kreis ist (Zylinder, Planschbecken, Trampolin oder Ähnliches), dann kann das Volumen errechnet werden, wenn die **Grundfläche (= Fläche des Kreises) angegeben ist**.

Dann gilt: **V = Grundfläche · Höhe**

b) Wissenswertes:

Der Kreis kann ein Kreissegment haben, man nennt es auch Kreisausschnitt:

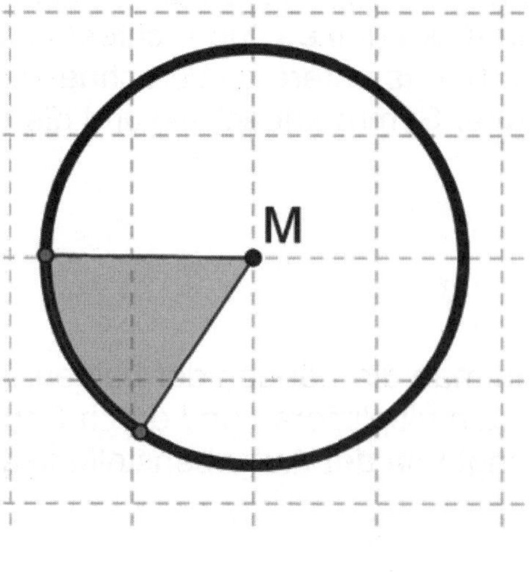

Auch eine Sehne kann eingezeichnet werden. Die Sehne eines Kreises teilt den Kreis in zwei, in der Regel ungleich große Kreisbögen b_1 und b_2,
Sollte die Sehne eine bestimmte Länge haben, konstruiert man sie mit dem Zirkel, in dem man die Länge als Radius im Zirkel einstellt und einen Kreis an der Stelle zieht, an der die Sehne sein soll.

Beispiel: Eine Sehne mit einer Länge von 2 cm: Um den gewünschten Punkt wird ein Kreis mit Radius 2 cm gezogen. Wo sich die Kreise schneiden ist der andere Punkt der Sehne.

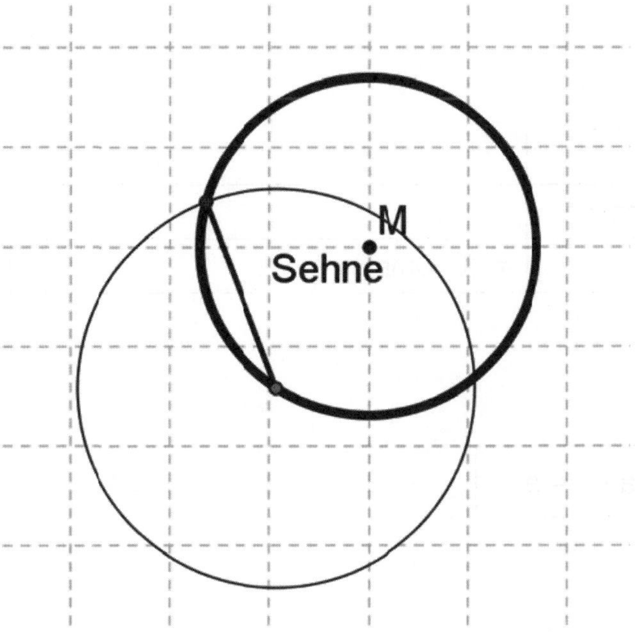

b) Volumen

Das **Volumen** ist der räumliche Inhalt eines geometrischen Körpers. Übliches Formelzeichen ist ***V.***

Wenn es um die Berechnung von Volumina geht, berechnet man praktisch, wie oft eine Fläche von $1 \cdot 1 \cdot 1$ in einen Gegenstand passt, also z.B. wie viele Würfel mit einer Kantenbreite von 1 dm in einen Gegenstand passen. Bei Gegenständen verwenden wir die Einheiten mm, cm, dm, m, km und bei Flüssigkeiten l (=Liter).

Merke: **1 dm³ = 1 l** (10 · 10 · 10 cm³)

1 cm³ = 1 ml

Die Hochzahl drei nennt man Kubik, d.h. **1 cm³** bezeichnet man als **ein Kubikzentimeter**.

Merke:

1cm	10 mm
$1cm^2$	$10^2\ mm^2 = 100\ mm^2$
$1cm^3$	$10^3\ mm^3 = 1000\ mm^3$
3 m	30 dm
$3\ m^2$	$3 \cdot 10^2\ dm^2 = 300\ dm^2$
$3\ m^3$	$3 \cdot 10^3\ dm^3 = 3000\ dm^3$

a) Umrechnung von Volumeneinheiten:

$1\ m^3$	$= 1000\ dm^3$		
D	**$1\ dm^3$**	$= 1000\ cm^3$	
		$1\ cm^3$	$= 1000 mm^3$

b) Volumen eines Würfels:

Formel:

$$V = a \cdot a \cdot a = a^3$$

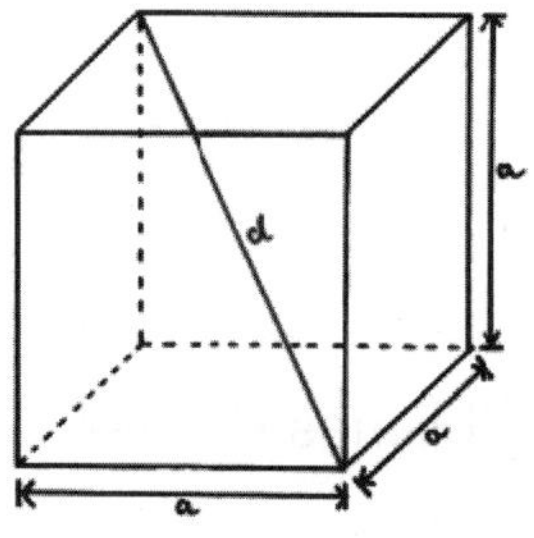

b) Volumen eines Quaders:

Quader mit den Kantenlängen a, b und c:

Formel:

$$V = a \cdot b \cdot c$$

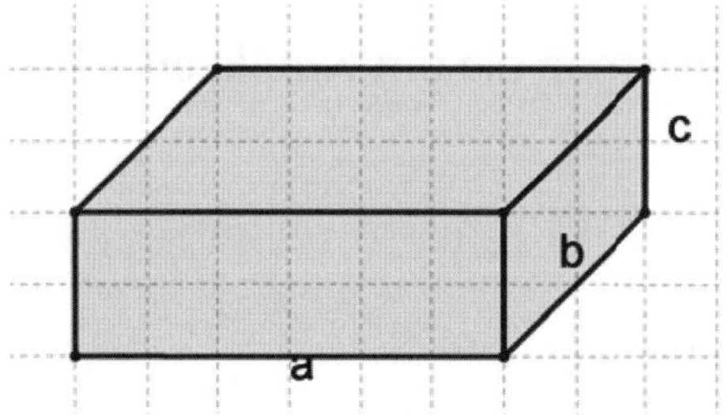

c) Volumina von Zylinder oder Prisma:

Hier wird die Grundfläche mal der Höhe genommen, genauso verhält es sich z.B. beim Planschbecken mit einer runden Grundfläche. Es stellt einen Zylinder dar.

Formel:

$$V = A \cdot h$$

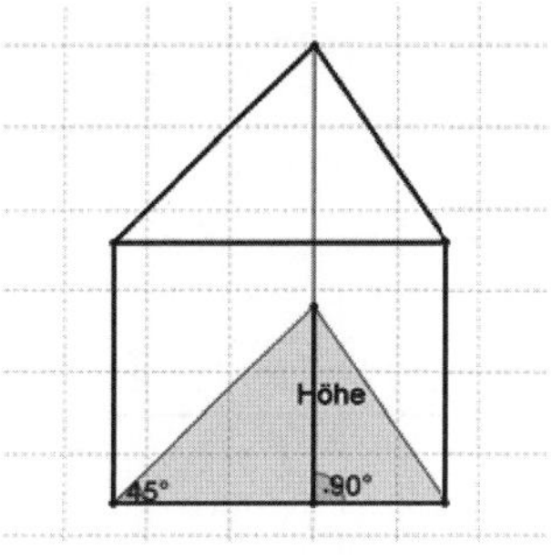

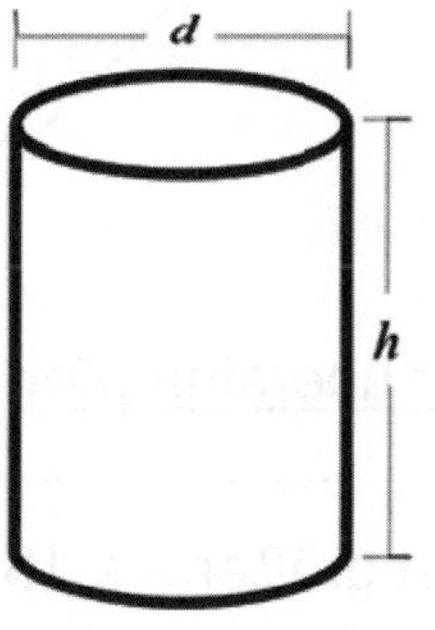

3.1.2 Winkelarten

Zwei Geraden oder Strecken, die sich an einem Punkt treffen, schließen einen Winkel ein. Je nachdem wie groß dieser Winkel ist, bezeichnet man ihn unterschiedlich.

a) Spitzer Winkel

Ein Winkel ist spitz, wenn sein Gradwert zwischen $0° < \alpha < 90°$ liegt.

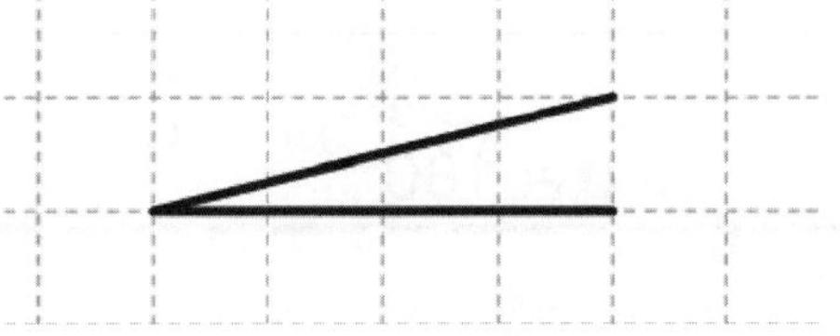

b) Rechter Winkel

Ein Winkel ist ein rechter Winkel, wenn sein Gradwert bei exakt 90° liegt.

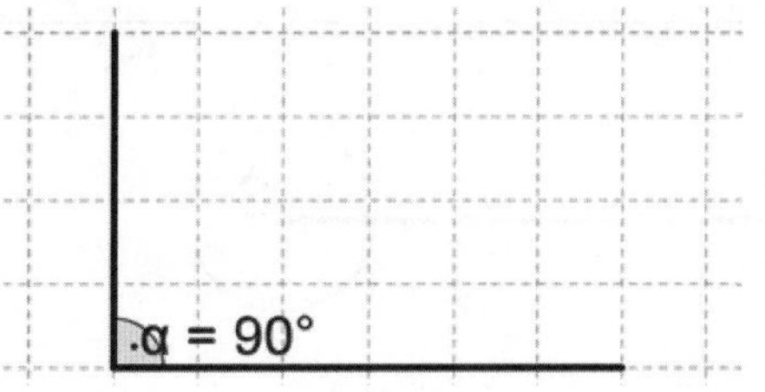

c) Stumpfer Winkel

Ein Winkel ist stumpf, wenn sein Gradwert zwischen $90° < \alpha < 180°$ liegt.

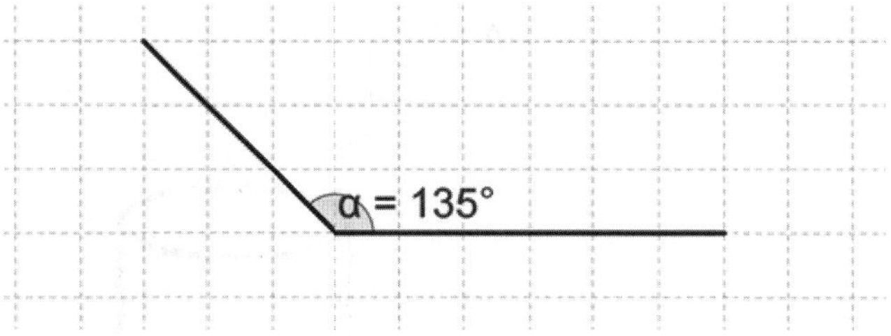

d) Erhabener Winkel (= überstumpfer Winkel)

Ein erhabener Winkel ist größer als 180°, aber kleiner als 360°.

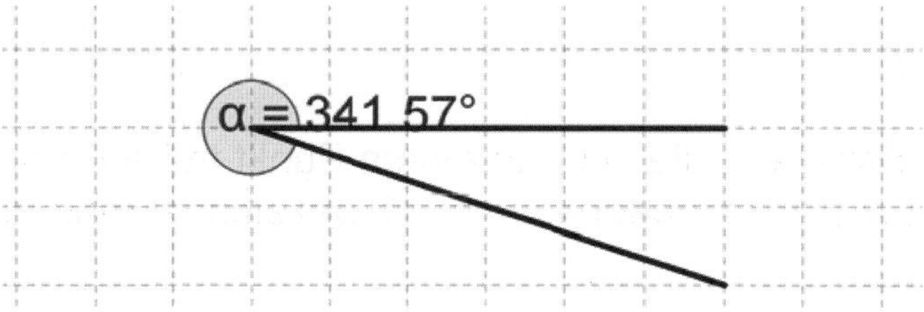

e) Gestreckter Winkel

Ein gestreckter Winkel hat eine Größe von exakt 180°.

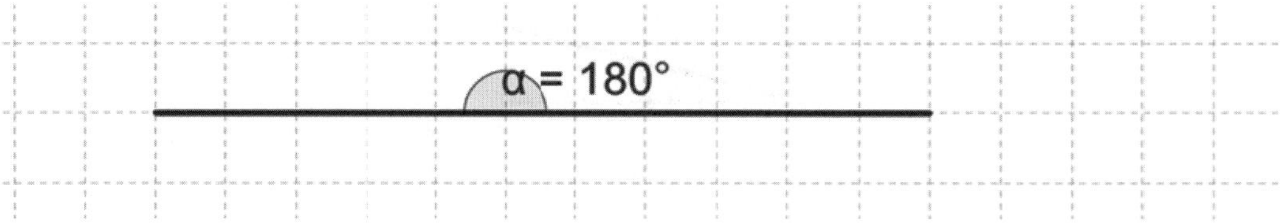

f) Voller Winkel

Ein voll Winkel hat einen Wert von 360°.
360° = volle Drehung → d.h., die beiden Winkelschenkel fallen zusammen.

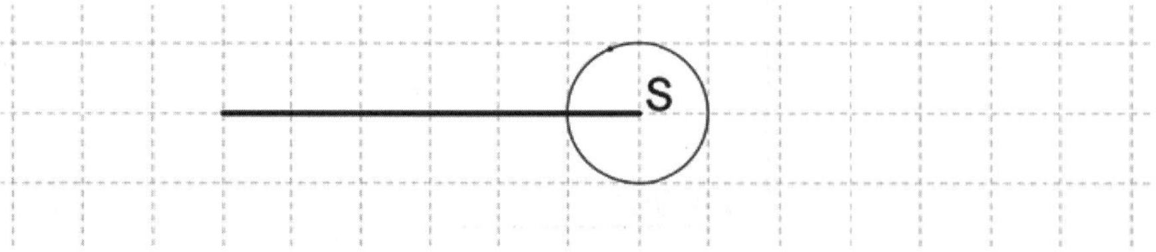

3.1.3 Winkelpaare

Merke:

Zwischen zwei sich schneidenden Geraden gibt es vier Winkel. Jeweils zwei nebeneinander liegende summieren sich dabei zu 180°. Der rechte Winkel hat die Besonderheit, dass diese beiden Winkel genau gleich sind. Jeweils zwei gegenüberliegende Winkel sind gleich.

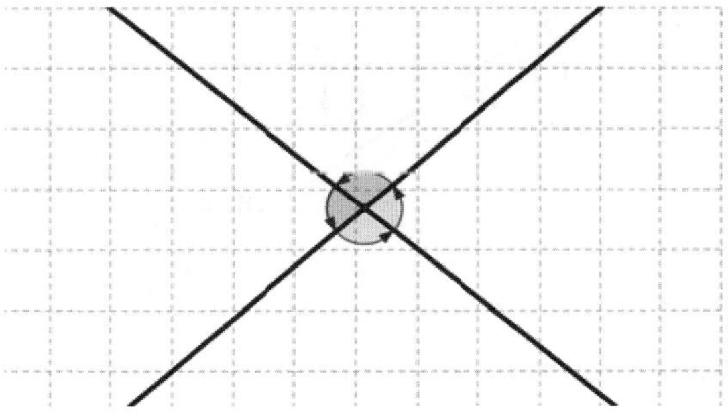

a) Komplementärwinkel

Zwei Winkel heißen **Komplementärwinkel**, wenn sie sich zu einem rechten Winkel (90°) ergänzen.

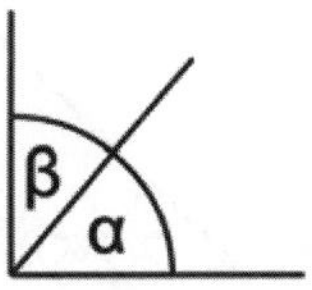

$\alpha + \beta = 90°$

b) Ergänzungswinkel, Nebenwinkel

Zwei Winkel heißen **Ergänzungswinkel** (=Supplementwinkel), wenn sie sich zu 180° ergänzen.
Schneiden sich zwei Geraden, so bezeichnet man ein Paar benachbarter Winkel als **Nebenwinkel.**
Nebenwinkel ergänzen sich zu 180°. (Sie sind also Supplementwinkel)

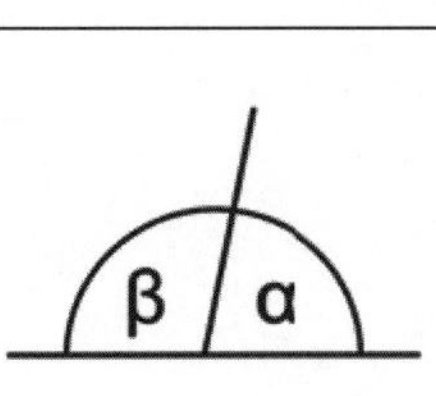

$\alpha + \beta = 180°$

c) Gegenwinkel, Scheitelwinkel

Schneiden sich zwei Geraden, so bezeichnet man das Paar gegenüberliegender Winkel als Scheitelwinke*l* oder Gegenwinkel.
Scheitelwinkel sind immer gleich groß.

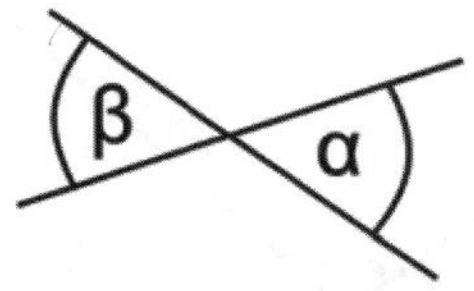

$\alpha = \beta$

d) Wechselwinkel

Schneidet eine Gerade g zwei andere **parallel** liegende Geraden, so heißen die Winkel $\angle(g,h)$ und $\angle(g,h')$, die auf derselben Seite von *g* und beide entweder ober- oder unterhalb von *h* bzw. *h*' liegen, Stufen- oder F-Winkel.
Stufenwinkel an Parallelen **sind gleich groß.**

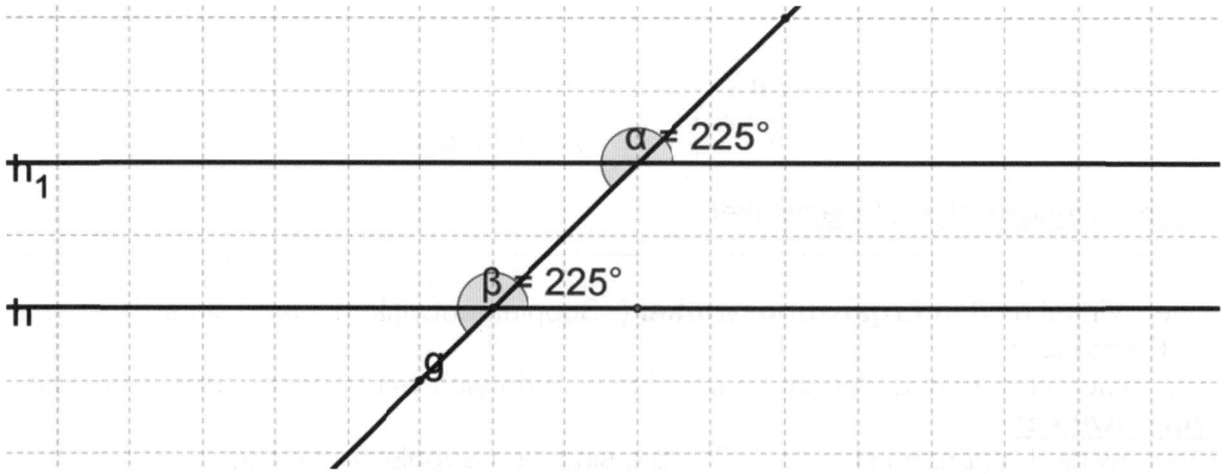

$\alpha = \beta$

e) Nachbarwinkel

Ein **Nachbarwinkel** entsteht, wenn eine Gerade g zwei parallele Geraden schneidet. Dieses Mal liegen zwar beide Winkel auf einer Seite aber auf unterschiedlichen Seiten der Geraden h (einmal unterhalb, einmal oberhalb der Geraden) und **ergänzen sich zu 180°.**

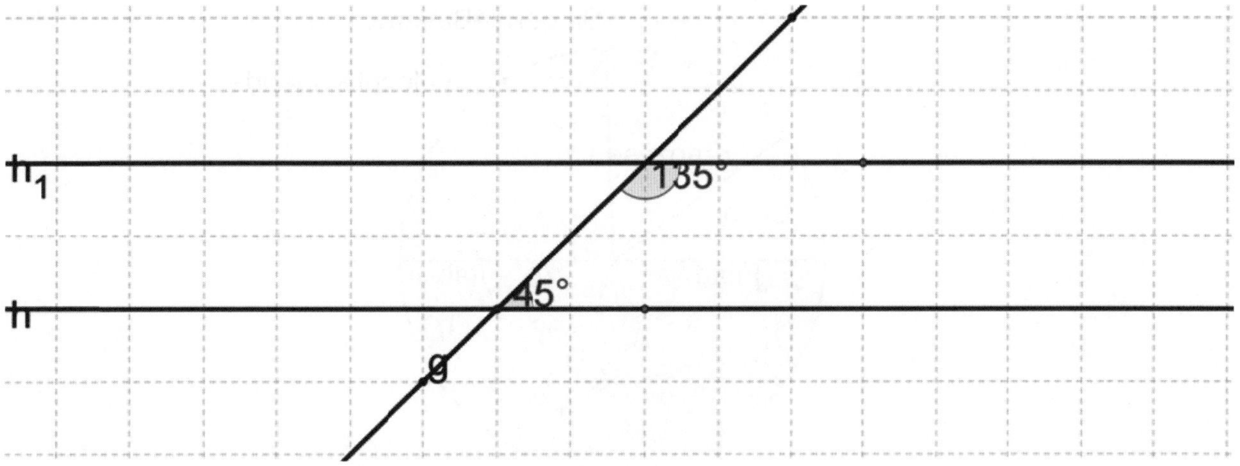

3.1.4 Das Kreisdiagramm

Ein Kreisdiagramm dient zur übersichtlichen Darstellung verschiedener Daten bzw. Anteile.

Wird ein Kreis in mehrere Sektoren unterteilt, so erhält man ein Kreisdiagramm.

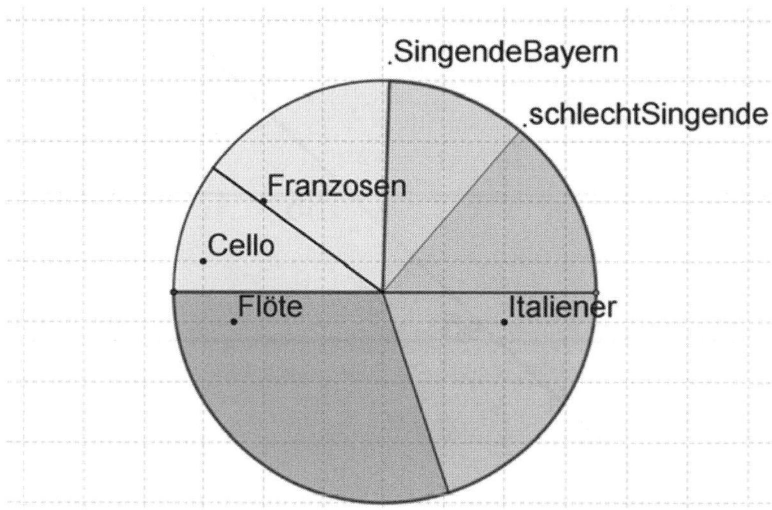

Einen Kreisausschnitt nennt man einen Ausschnitt, der durch zwei Radien begrenzt ist. Jeder Sektor hat einen Mittelpunktswinkel. Durch diesen wird die Größe des Sektors bestimmt.

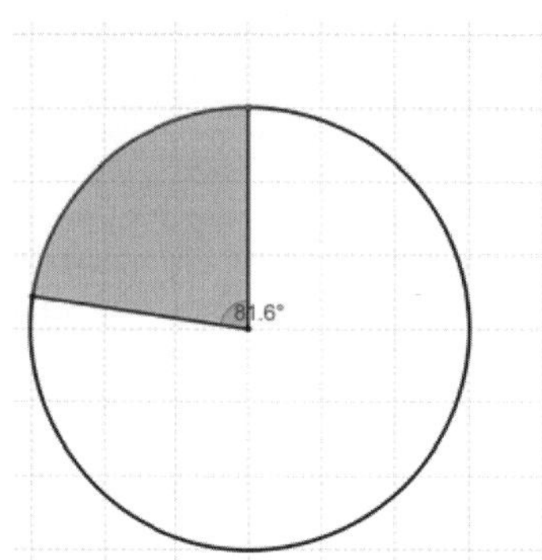

Um herauszufinden, wie groß der Sektor sein muss, bedenke man Folgendes:
Der volle Kreis hat immer 360°, d.h. die Gesamtmenge an Personen, Sachen, Tieren oder Dingen entspricht 360°.

Beispiel 1:
In einem Ort wohnen 360 Menschen, 5 davon sind Franzosen.
360°, also der gesamte Kreis entspricht 360 Menschen, daher kommt auf jeden Menschen 1°. Der Sektor der Franzosen entspricht dann 5 1° = 5°.

Beispiel 2:
In eine Klasse gehen 30 Schüler, die sich für eine Sprache entscheiden müssen:
10 Schüler wählen Latein, 20 Englisch.
In einem Kreisdiagramm entsprechen hier 360° exakt 30 Schülern
→ 360° · 30 = die Gradanzahl für einen Schüler → 360° : 30 = 12°.
10 Schüler · 12° = 120°; der Sektor der Lateinschüler entspricht 120°.
20 Schüler · 12° = 240°; der Sektor der Englischschüler entspricht 240°
Probe: 120° + 240° = 360°.

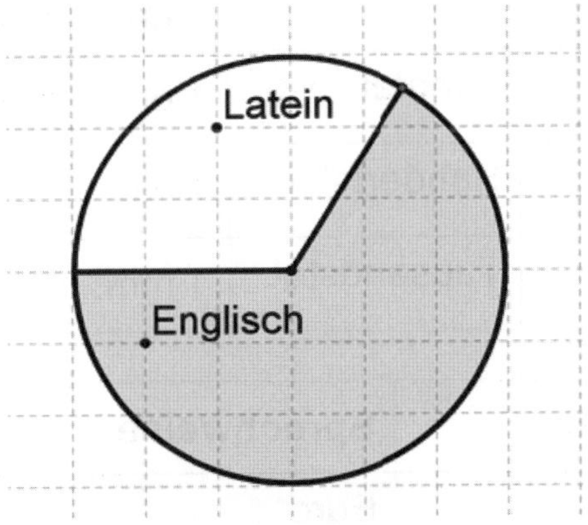

Eine weitere Möglichkeit ist ein Halbkreisdiagramm. In diesem Fall entspricht die Gesamtzahl der Schüler 180°.

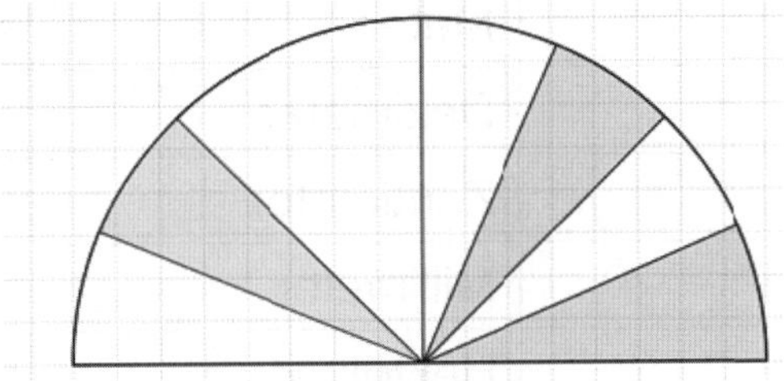

Die Anteile können auch als Bruch dargestellt werden.

Beispiel: $\frac{2}{3}$ wählen Englisch.
Hier ist zu beachten, dass der Nenner praktisch 360° entspricht, d.h. $\frac{3}{3}$ wären der gesamte Kreis. Hier musst du 360° durch den Nenner teilen und mit dem Zähler multiplizieren, um den Gradanteil eines Sektors zu erhalten:

$(360° : 3) \cdot 2 = 240°$.

Oder $\frac{3}{12}$ wählen Spanisch: $(360° : 12) \cdot 3 = 90°$
Anders ausgedrückt: $\frac{1}{4}$ wählen Spanisch: $(360° : 4) \cdot 1 = 90°$

3.2 Rechnen mit Maßeinheiten

Vor den dir bekannten Einheiten stehen oft Buchstaben, die folgende Bedeutung haben:

Buchstabe	Aussprache	Bedeutung	Beispiel
M	Mega	1000000	1 MB = 1000000 Byte
k	kilo	1000	1 km = 1000 m
h	hekto	100	1 ha = 100 a
d	dezi	Zehntel	1 dm = $\frac{1}{10}$ m = 0,1 m
c	centi	Hundertstel	1 cm = $\frac{1}{100}$ m = 0,01 m
m	milli	Tausendstel	1 mm = $\frac{1}{1000}$ m = 0,001 m

	Zeichen	Sprechweise
Währungseinheit	€	Euro
	Ct	Cent
Längenmaß	km	Kilometer
	m	Meter
	dm	Dezimeter
	cm	Zentimeter
	mm	Millimeter
Hohlmaß	hl	Hektoliter
	l	Liter
	dl	Deziliter
	cl	Zentiliter
	ml	Milliliter
Gewichtsmaß	t	Tonne
	kg	Kilogramm
	g	Gramm
Zeiteinheit	h	Stunde
	min	Minute
	s	Sekunde

Hekto kommt aus dem Griechischen und bedeutet Hundert.

Entsprechungen von Maßeinheiten:

Kilometer	1 km	1000 m
Meter	1 m	100 cm
Zentimeter	1 cm	10 mm
Tonne	1 t	1000 kg
Kilogramm	1 kg	1000 g
Hektoliter	1 hl	100 l
Liter	1 l	1000 ml
1 Tag	1 Tag	24 h
Stunde	1 h	60 min
Minute	1 min	60 s
1 €	1 €	100 Ct

1 m	10 dm	100 cm	1000 mm
1 l	10 dl	100 cl	1000 ml
1 Jahr	52 Wochen	365 Tage	
1 h	60 min	3600 s	

Flächenmaße:

Hektar	1 ha	100 a	10000 m^2
Ar	1 a	100 m^2	10000 dm^2
Quadratmeter	1 m^2	100 dm^2	10000 cm^2
Quadratdezimeter	1 dm^2	100 cm^2	10000 mm^2
Quadratzentimeter	1 cm^2	100 mm^2	

Wenn du hier in die nächst größere Einheit umrechnen möchtest, musst du die Zahl durch 100 dividieren. Umgekehrt musst du, wenn du in die nächst kleinere Einheit umrechnen möchtest, die Zahl mit 100 multiplizieren. (Umrechnungszahl: **100** = 10^2)

Volumenmaße:

Kubikmeter	**1 m^3**	1.000 dm^3	1.000.000 cm^3	1m · 1m · 1m	**10 hl**
Kubikdezimeter	**1 dm^3**	1.000 cm^3	1.000.000 mm^3	1dm · 1dm · 1dm	**1 l**
Kubikzentimeter	**1 cm^3**	1.000 mm^3		1cm · 1cm · 1cm	**1 ml**
Kubikmillimeter	**1 mm^3**			1mm · 1mm · 1mm	

Merke: Die Umrechnungszahl von Volumeneinheiten ist **1000** (10^3).

3.3 Rationale Zahlen

3.3.1 Rechenregeln für Brüche

3.3.1.1 Erweitern und Kürzen

Der Wert eines Bruches ändert sich nicht, wenn du Zähler und Nenner mit der gleichen natürlichen Zahl n multiplizierst. Wir sprechen vom **Erweitern eines Bruches**.

$$\frac{a}{b} = \frac{a \cdot n}{b \cdot n} \qquad n \neq 0$$

Der Wert eines Bruches ändert sich auch nicht, wenn du Zähler und Nenner durch dieselbe natürliche Zahl n dividierst. Wir sprechen vom **Kürzen eines Bruches**.

$$\frac{a}{b} = \frac{a : n}{b : n} \qquad n \neq 0$$

Merke:
Der Wert eines Bruches ändert sich durch Kürzen oder durch Erweitern **nicht**!

3.3.1.2 Addition und Subtraktion von Brüchen

Addition und Subtraktion von Brüchen ist einfach, wenn beide denselben Nenner haben. In diesem Fall musst du die Zähler addieren bzw. subtrahieren und der Nenner bleibt erhalten.

$$\frac{a}{c} + \frac{b}{c} = \frac{a + b}{c}$$

$$\frac{a}{c} - \frac{b}{c} = \frac{a - b}{c}$$

Brüche mit unterschiedlichem Nenner müssen zunächst auf einen gemeinsamen Nenner gebracht werden, diesen Vorgang bezeichnet man auch als „Brüche gleichnamig machen". Den Hauptnenner erhältst du indem du den **kgV** der Einzelnenner bestimmst.

Beispiele:

$$\frac{1}{2} + \frac{3}{4} = \frac{2}{4} + \frac{3}{4} = \frac{5}{4} = \mathbf{1\frac{1}{4}}$$

$$\frac{6}{7} - \frac{3}{4} = \frac{6 \cdot 4}{7 \cdot 4} - \frac{3 \cdot 7}{4 \cdot 7} = \frac{24 - 21}{28} = \mathbf{\frac{3}{28}}$$

3.3.1.3 Multiplikation von Brüchen

Zwei Brüche werden multipliziert, indem du Zähler mit Zähler und Nenner mit Nenner multiplizierst.

$$\frac{a}{b} \cdot \frac{c}{d} = \frac{a \cdot c}{b \cdot d}$$

Beispiele:

$$\frac{1}{2} \cdot \frac{3}{4} = \frac{1 \cdot 3}{2 \cdot 4} = \frac{3}{8}$$

$$\frac{2}{3} \cdot \frac{2}{8} = \frac{2 \cdot 2}{3 \cdot 8} = \frac{1}{6}$$

$$\frac{10}{11} \cdot 4 = \frac{10 \cdot 4}{11 \cdot 1} = \frac{40}{11} = 3\frac{17}{11}$$

$$1\frac{2}{5} \cdot 1\frac{1}{14} = \frac{7}{5} \cdot \frac{15}{14} = \frac{7 \cdot 15}{5 \cdot 14} = \frac{3}{2} = 1\frac{1}{2}$$

3.3.1.4 Division von Brüchen

Durch einen Bruch wird dividiert, indem man mit dem Kehrwert multipliziert. Den Kehrwert eines Bruches erhältst du, indem du den Zähler mit dem Nenner vertauschst:

Kehrwert: aus $\frac{a}{b}$ wird $\frac{b}{a}$

$$\frac{a}{b} : \frac{c}{d} = \frac{a \cdot d}{b \cdot c}$$

Beispiele:

$$\frac{1}{2} : \frac{3}{4} = \frac{1}{2} \cdot \frac{4}{3} = \frac{4}{6} = \frac{2}{3}$$

$$\frac{2}{3} : \frac{2}{8} = \frac{2}{3} \cdot \frac{8}{2} = \frac{2 \cdot 8}{3 \cdot 2} = \frac{8}{3} = 2\frac{2}{3}$$

$$\frac{10}{11} : 4 = \frac{10}{11} : \frac{4}{1} = \frac{10}{11} \cdot \frac{1}{4} = \frac{10}{44} = \frac{5}{22}$$

$$1\frac{2}{5} : \frac{14}{15} = \frac{7}{5} : \frac{14}{15} = \frac{7}{5} \cdot \frac{15}{14} = \frac{7}{14} \cdot \frac{15}{5} = \frac{3}{2} = 1\frac{1}{2}$$

3.3.2 Rechenregeln für Dezimalbrüche

3.3.2.1 Addition und Subtraktion von Dezimalbrüchen

Dezimalbrüche werden addiert bzw. subtrahiert, indem man die Dezimalstellen mit den gleichen Stellenwert addiert bzw. subtrahiert. D.h. eigentlich behandelst du Dezimalbrüche wie normale Zahlen und achtest dabei, dass die Kommata untereinanderstehen.

Beispiele:

1,23 + 3,482 = 4,712 12,032 + 3,25 = 15,282 1,56 + 3,73 = 5,29

```
   1 , 2 3          1 2 , 0 3 2        1 , 5 6
 + 3 , 4 8 2     +    3 , 2 5        + 3 , 7 3
 - - - - - -     - - - - - - -       - - - - -
   4 , 7 1 2        1 5 , 2 8 2        5 , 2 9
```

3.3.2.2 Multiplikation von Dezimalbrüchen

Dezimalbrüche werden miteinander multipliziert, in dem du zunächst das Komma weglässt und einfach die Zahlen miteinander multiplizierst. Damit das Ergebnis auch stimmt, musst du im zweiten Schritt das Komma setzen. Hierzu addierst du die Anzahl der Stellen hinter dem Komma (Dezimalstellen) von allen Faktoren und gibst nun dem Produktwert genau diese Anzahl an Dezimalstellen. (Nullen, auf die keine Zahl mehr folgt, werden nicht berücksichtigt!)

Beispiele:

1,23 · 1,1 =

123 · 11 = 1353 → es gibt insgesamt 3 Dezimalstellen → Ergebnis: **1,353**

1,23 · 1,01 =

123 · 101 = 12423 → es gibt insgesamt 4 Dezimalstellen → Ergebnis: **1,2423**

Tipp: Du solltest dir angewöhnen immer die Rechnung im Kopf zu überschlagen, dann kannst du leicht feststellen, ob du dich verrechnet hast. Falls du dich bei den Kommastellen vertust, merkst du das sofort. → 1,23 · 1,1 muss ein bisschen mehr als 1,23 sein. Würdest du dich um eine Komastelle vertun, wäre dein Ergebnis 13,53 → du merkst schnell, **das kann nicht sein**!

3.3.2.3 Division von Dezimalbrüchen

Ein Dezimalbruch wird durch eine natürliche Zahl n geteilt, indem man beim Überschreiten des Kommas im Dividenden auch im Ergebnis ein Komma setzt.

Beispiele:

24,12 : 2 = 12,6

24,12 : 3 = 8,4

Zwei Dezimalbrüche werden durcheinander dividiert, indem man sowohl beim Dividend als auch beim Divisor das Komma um soviele stellen verschiebt, dass der Divisor eine ganze Zahl ergibt. Nun wird wie oben erklärt dividiert.

Beispiele:

a) 24,12 : 1,2 = **20,1**
241,2 : 12 = 20,1 Komma verschieben **bis Divisor ganze Zahl**

b) 2,412 : 0,03 = **80,4**
241,2 : 3 = 80,4 Komma verschieben **bis Divisor ganze Zahl**

➔ Auch hier solltest du stets im Kopf die Probe machen (überschlagen)

✓ a) 20 · 12 = 240

✓ b) 80 · 3 = 240

3.3.2.4 Umwandlung von Brüchen

Folgende Brüche solltest du auf Anhieb in eine Dezimalzahl bzw. in Prozentschreibweise umwandeln können und umgekehrt!

Bruch	$\frac{1}{1} = \frac{4}{4}$	$\frac{3}{4}$	$\frac{1}{2} = \frac{2}{4}$	$\frac{1}{3}$	$\frac{1}{4}$	$\frac{1}{5}$	$\frac{1}{8}$	$\frac{1}{10}$
Dezimal	1	0,75	0,5	0,333	0,25	0,2	0,125	0,1
Prozent	100 %	75 %	50 %	33,3 %	25 %	20 %	12,5 %	10 %

3.4 Relative Häufigkeit

3.4.1 Zufallsexperimente

Ein Experiment bezeichnen wir als Zufallsexperiment, wenn folgende Bedingungen erfüllt sind:

- Alle möglichen Ergebnisse sind bekannt.
- Welches Ergebnis aber eintreten wird, lässt sich nicht vorhersagen, es ist zufällig.

Beispiele für Zufallsexperimente:

- Würfeln mit einem normalen Spielwürfel
- Werfen einer Münze
- Lose ziehen

Ein Zufallsexperiment wird n-mal wiederholt und es wird gezählt, wie oft ein Ergebnis eintritt. Diese heißt absolute Häufigkeit. Wesentlich aussagekräftiger ist die Häufigkeit in Abhängigkeit von der Gesamtzahl der Züge. Wird ein Experiment n-mal ausgeführt, und ein Ergebnis tritt k-mal auf, dann sprechen wir von der relativen Häufigkeit: Hier gilt:

Relative Häufigkeit $= \frac{k}{n} = \frac{absolute\ Häufigkeit}{Gesamtzahl\ der\ Züge}$

Beispiel:

Wir werfen einen normalen Spielwürfel mit sechs Flächen und notieren die gewürfelte Augenzahl

Mögliche Ergebnisse (Ergebnismenge) sind: 1,2,3,4,5,6 → E = {1, 2, 3, 4, 5, 6}

Die Wahrscheinlichkeit für jede Zahl ist gleich. Dies kannst du bei einem beispielhaften Test nicht feststellen. Aber bei einer unendlichen Reihe ist das Ergebnis für jede Augenzahl $\frac{1}{6}$.

3.4.2 Wahrscheinlichkeit

Bei einem Zufallsexperiment mit n möglichen Ergebnissen mit annähernd gleicher Wahrscheinlichkeit ist der Näherungswert $\frac{1}{n}$.

Merke:

Wenn dasselbe Zufallsexperiment sehr oft ausgeführt wird, verändert sich die relative Häufigkeit kaum. Dieser Wert liegt Nahe bei der Wahrscheinllichkeit des Ergebnisses → Hier spricht man vom „Gesetz der großen Zahlen“

3.5 Gleichungen

Gleichungen in der Mathematik zeichnen sich dadurch aus, das links und rechts vom Gleichheitszeichen (=) mathematisch gesehen, das gleiche stehen muss. Deshalb bleibt eine Gleichung richtig, auch wenn du sie erweiterst, solange du auf beiden Seiten immer dieselben Rechenoperationen durchführst.

Beispiele: $a = b$ → würde bedeuten a und b müssen gleich sein.

➔ $2 = 2$ oder $12 = 12$ ...

Erweitern der Gleichung:

➔ $x + 2 = 10 \mid \mathbf{-2}$

$x + 2 \mathbf{- 2} = 10 \mathbf{- 2}$ beide Seiten wurden um -2 erweitert

$x = 8$ links ergeben (+ 2 – 2) = 0, 10 -2 = 8

➔ $x \cdot 2 = 8 \mid \mathbf{:2}$ teile beide Seiten durch 2

$x \cdot 2 : 2 = 8 : 2$ 2 : 2 = 1 , x steht alleine

$x = 4$ Probe: $4 \cdot 2 = 8$

Diese Art von Gleichung nennt man Gleichung mit einer Unbekannten.

Um Gleichungen mit einer Unbekannten zu lösen, musst du versuchen die Unbekannte x alleine auf der linken Seite zu haben, indem du dieselbe Rechenoperation auf beiden Seiten durchführst. Um die Operationen die beim x stehen weg zu bekommen, musst du immer die passende Gegen-Rechenoperation anwenden :

➔ + wird –

➔ - wird +

➔ · wird :

➔ : wird ·

Ein paar einfache Beispiele zum Verständnis:

Es ist sinnvoll stets die Probe durch zuführen, indem du dein Ergebnis einsetzt und prüfst, ob links und rechts des Gleichheitszeichens tatsächlich dasselbe steht.

$3 \cdot x = 12 \mid \mathbf{:3}$ → damit das x alleine steht, musst du beide Seiten durch 3 dividieren.

$x = 12 : 3$ → $\mathbf{x = 4}$ → **Probe**: $3 \cdot 4 = 12$

$x : 5 = 10 \mid \cdot 5$ → hier musst du mit 5 multiplizieren

$x = 10 \cdot 5$

$\mathbf{x = 50}$ → **Probe**: $50 : 5 = 10$

$3 \cdot x + 5 = 23 \mid -5$ → x soll alleine stehen, zunächst muss die 5 weg → **- 5**

$3 \cdot x + 5 - 5 = 23 - 5$

$3 \cdot x = 18 \mid : 3$ → nun muss die 3 weg, da es sich um eine Multiplikation handelt musst du beide Seiten durch 3 dividieren

$x = 18 : 3$

$x = 6$ → **Probe**: $3 \cdot 6 + 5 = 18 + 5 = 23$

Die Unbekannte x kann auch öfter als nur einmal vorkommen. Das Verfahren ist aber immer gleich, du musst versuchen x alleine auf die linke Seite zu bingen:

$5 \cdot x + 8 + 4 \cdot x + 5 = 58$ → Fasse erst alle x zusammen, dann alle Zahlen

$(5 + 4) \cdot x + (8 + 5) = 58 \mid - 13$ → beide Seiten – 13

$9x = 58 - 13 = 45 \mid : 9$

$x = 45 : 9$ → **x = 5** → Probe: $5 \cdot 5 + 8 + 4 \cdot 5 + 5 = 58$

$25 + 20 + 13 = 58$

Natürlich kann eine Unbekannte auch auf beiden Seiten der Gleichung stehen, auch hier musst du versuchen, diese alleine auf die linke Seite zu bringen.

Beispiel:

$5 \cdot x - 7 = 3 \cdot x + 25 \quad \mid +7$

$5 \cdot x = 3 \cdot x + 25 + 7 \quad \mid -(3 \cdot x)$

$5 \cdot x - 3 \cdot x = 32$

$(5 - 3) \cdot x = 32$

$2 \cdot x = 32 \quad \mid : 2$

$X = 32 : 2 = 16$

Probe: $5 \cdot 16 - 7 = 3 \cdot 16 + 25$

$80 - 7 = 48 + 25$

$73 = 73$

4 Rechnen mit echten Brüchen - Stegreifaufgaben

4.1 Schnelltest Rechenfertigkeit

Rechne:		38
(–12) – (14 – (–1))	= ______________________	
(–2) · ((– 4) + 9)	= ______________________	
15 – (10 – (12 – (13 – 14)))	= ______________________	
((–3) – ((– 4) – (–5))) · (2 – (– 3))	= ______________________	
(–2) · (– 3) · (–4) : (–6)	= ______________________	
4 · (6 – 7) – 2 · (8 – 9)	= ______________________	
((–9) – (– 12)) · ((–3) – 4)	= ______________________	
16 + (4 · (– 2) + (– 4) · (–5))	= ______________________	
((– 5) + (–1)) · (7 – (– 4))	= ______________________	
(– 16) – (14 + (– 1))	= ______________________	
(– 2) · ((– 4) + 9)	= ______________________	
15 – (10 – (12 – (3 – 14)))	= ______________________	
((– 3) – ((– 4) +(– 5))) · (2 – (–3))	= ______________________	
(– 3) · (– 3) · 4 : (–6)	= ______________________	
(9 – (– 12)) · ((– 3) + 4)	= ______________________	
16 + (4 · (– 4) + (– 4) · (– 2))	= ______________________	
(8 + (–1)) · (7 – (– 4)²)	= ______________________	
12 + 2 · 14	= ______________________	
6 · 4 + 3 · (15 – 12) =	= ______________________	

4.2 1. Stegreifaufgabe - Übung zu Brüchen

1) Vergleiche die Brüche, ergänze den fehlenden Operanden und schreibe zu a und b eine passende Regel, zu c den Rechenweg oder eine verbale Erläuterung auf. a) $\frac{273}{625}$ ◯ $\frac{354}{625}$ ✎ ____________________ b) $\frac{77}{137}$ ◯ $\frac{77}{138}$ ✎ ____________________ c) $\frac{35}{84}$ ◯ $\frac{21}{38}$ ✎ ____________________ ____________________	7
2) Welche Strecke ist länger? $\frac{2}{3}$ von 12 km oder $\frac{2}{7}$ von 35 km	2

3) Wandle die angegebenen Zahlen in ganze Brüche oder gemischte Schreibeweise und umgekehrt. Falls möglich, bitte kürzen! 4

$\frac{5}{2}$		0,2	
$\frac{2}{3}$		0,7	
$\frac{3}{4}$		0,25	
$\frac{1}{2}$		0,125	
$\frac{3}{5}$		1,2	

4) Setze das Zeichen > oder < ein. 2

a) 44 044 ◯ 44400 b) 99 090 ◯ 90 909

Viel Glück!

Von 15 Punkten hast du ___________ erreicht.

4.3 2. Stegreifaufgabe – Umgang mit Brüchen

1) Färbe das Rechteck in den Anteilen der Brüche passend ein!

a) $\frac{2}{6}$ der Figur:

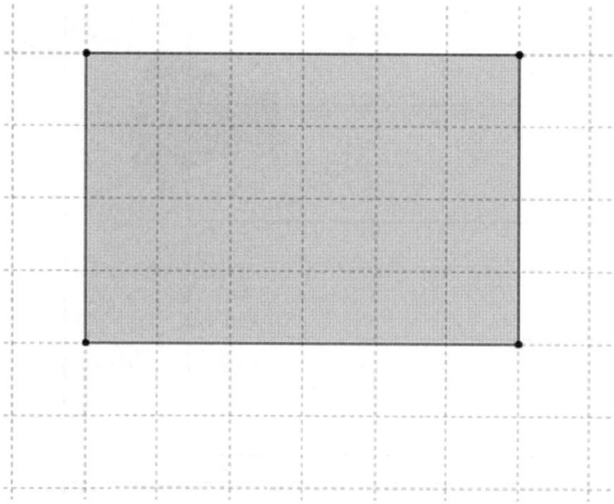

3

c) $\frac{3}{12}$ der Figur:

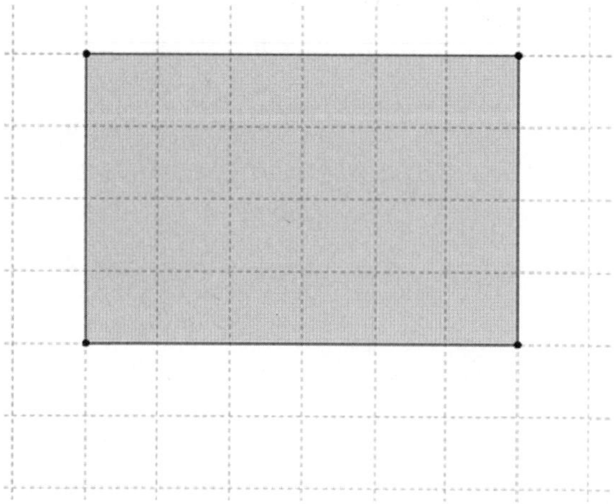

c) $\frac{6}{12}$ der Figur:

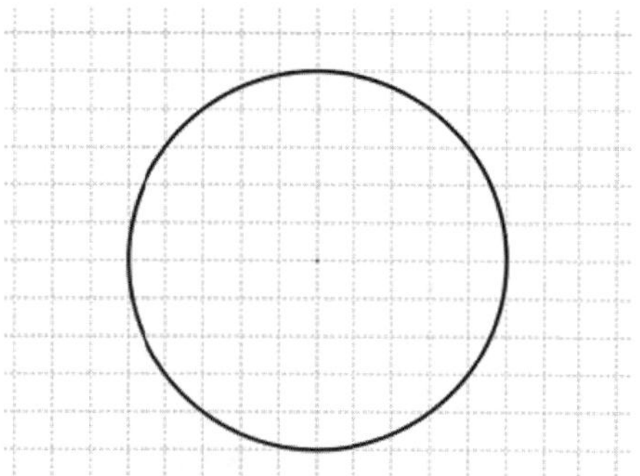

2) Kreuze an, welche Brüche die farbigen Anteile des Kreises beschreiben! 6

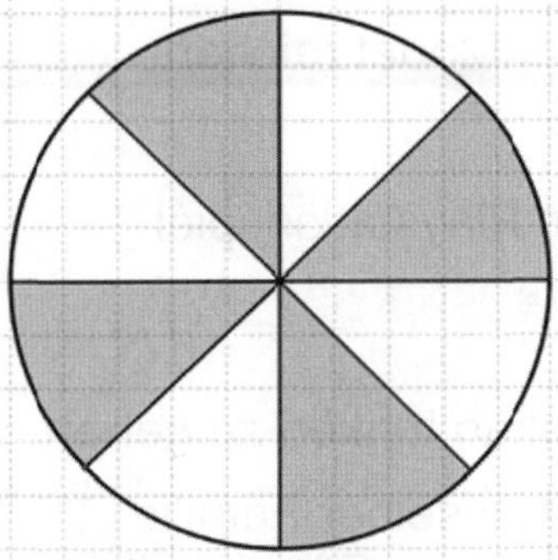

☐ $\frac{1}{2}$ ☐ $\frac{3}{8}$ ☐ $\frac{4}{8}$ ☐ $\frac{8}{16}$ ☐ $\frac{2}{4}$

☐ $\frac{6}{12}$ ☐ $\frac{50}{100}$ ☐ $\frac{2}{3}$ ☐ $\frac{18}{16}$ ☐ $\frac{22}{4}$

3) Kreuze an, welcher Anteil der Figur grau gefärbt ist! 2

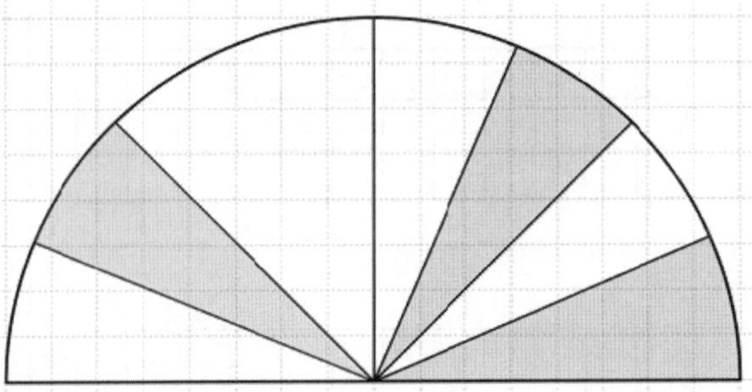

☐ $\frac{8}{5}$ ☐ $\frac{3}{8}$ ☐ $\frac{1}{2}$ ☐ $\frac{2}{3}$ ☐ $\frac{3}{4}$ ☐ $\frac{12}{32}$

4) Was passt zusammen? Kennzeichne die gleichen Werte in einer Farbe! 8

$\frac{1}{4}$ m	$\frac{4}{8}$ m	0,8 m	$\frac{2}{8}$ m	0,25 m	50 cm
0,5 m	$\frac{4}{5}$ m		$\frac{14}{100}$ m		14 cm
$\frac{16}{20}$ m	$\frac{7}{50}$ m	0,14 m	8 dm	$\frac{2}{4}$ m	25 cm

Von 19 Punkten hast du ________ erreicht.

4.4 3. Stegreifaufgabe – Umgang mit Brüchen

Aufgabe	Punkte
1) Julius beklagt sich über zu wenig Taschengeld. 50 € im Monat reichen kaum, denn: • Er benötigt jeden Monat $\frac{1}{2}$ Taschengeld für ein neues Playstationspiel • $\frac{1}{5}$ landet in der Eisdiele • Ein weiteres $\frac{1}{5}$ benötigt er um mit seiner Freundin Kakao trinken zu gehen • Den Rest spart er das gesamte Jahr für die Geburtstage seiner Familie, also für seine Mutter, seinen Vater und seinen Bruder Linus. Für alle gibt er gleich viel aus. Wie viel Geld hat er pro Geburtstag? Nimm ein extra Blatt!	5
2) Berechne: a) $\frac{8}{5} + \frac{11}{5} + \frac{13}{5} =$ b) $\frac{11}{211} + \frac{3}{422} + \frac{2}{1} =$ c) Addiere $3\frac{1}{2}$ zur Differenz von $3\frac{4}{3}$ und $1\frac{1}{4}$ d) Subtrahiere $\frac{1}{5}$ von der Summe aus $5\frac{2}{5}$ und $2\frac{2}{3}$	4

Viel Erfolg!
Von 9 Punkten hast du ___ erreicht.

4.5 4. Stegreifaufgabe - Rechnen mit Dezimalzahlen

1. Berechne: a) 16,5 – 10,75 + 2,03 = b) 30,8 · 0,25 = c) 9,714 : 0,03 = d) 0,045 · 10 000 =	4
2. Welche Zahl musst du für den Platzhalter **x** einsetzen? a) x + 0,12 = 1,9 b) 1,26 – x = 0,18	2
3. Eine Klasse mit 12 Mädchen und 14 Jungen gehen ins Kino. Der Eintrittspreis kostet für alle 93,60 €. Wie viel € kostet die Eintrittskarte für jeden Schüler?	2
4. Multipliziere die Differenz aus 6,75 und 5,25 mit der Summe aus 0,03 und 0,17.	3

5. Folgende Noten wurden in der letzten Mathematikarbeit geschrieben. Berechne den Mittelwert der Stegreifaufgabe auf 2 Stellen hinter dem Komma! 3

Anzahl	Note
4	1
8	2
6	3
3	4
2	5
1	6

6. Rechne in die vorgegebene Einheit um. 4

a) 3 ½ m = __________ cm   c) 6 cm 8 mm = __________ cm

b) 5 kg 12 g = __________ g   d) 3,25 h = __________ min

Viel Glück!

Von 18 Punkten hast du __________ erreicht.

4.6 5. Stegreifaufgabe – Umgang mit Brüchen

Für diese Stegreifaufgabe hast du **10 Minuten**, konzentriere dich!

Aufgabe	Punkte
1) Erweitere folgende Brüche mit den angegebenen Zahlen: a) $\frac{5}{6}$ mit 4: b) $\frac{3}{8}$ mit 3: c) $\frac{2}{1}$ mit 6:	3
2) Kürze die folgenden Brüche um die angegebene Zahl: a) $\frac{74}{222}$ mit 74 b) $\frac{99}{66}$ mit 33 c) $\frac{24}{33}$ mit 3	3
3) Kürze vollständig! a) $\frac{25}{15}$ = b) $\frac{13}{39}$ = c) $\frac{11}{121}$ = d) $\frac{25}{5}$ = e) $\frac{28}{12}$ = f) $\frac{4}{10}$ =	3
4) Der Wert des ersten angegebenen Bruchs bleibt erhalten, erweitere und kürze entsprechend! a) $\frac{4}{5} = \frac{}{10} = \frac{}{} = \frac{}{95} = \frac{48}{}$ b) $\frac{9}{2} = \frac{}{} = \frac{}{6} = \frac{36}{} = \frac{99}{}$	10

Viel Glück

Von 19 Punkten hast du ________ erreicht.

4.7 6. Stegreifaufgabe – Umgang mit Kreisdiagrammen

1) Die Schule soll eine neue Cafeteria bekommen, daher wird erst einmal eine Umfrage gemacht, um die Gewohnheiten der Schüler heraus zu finden. 24

Von den 600 Schülern der Schule gaben:

- $\frac{3}{5}$ an, dass sie die Cafeteria nutzen
- $12\ \%$ nehmen lieber ihr eigenes Pausenbrot mit und sparen sich das Geld.
- 30 Schüler bevorzugen den Schnellimbiss um die Ecke, auch wenn der Besuch verboten ist.
- $\frac{1}{20}$ nutzt die Salatbar der Nachbarschule
- $10\ \%$ geht zu McMac.
- Der Rest hat nicht weiter darüber nachgedacht und „Sonstiges" angegeben.

a) Fülle die Tabelle aus und erstelle ein Kreisdiagramm!

Art des Essens	**Anteil in Bruch**	**Anteil in %**	**Anzahl der Schüler**	**Winkel im Kreis-diagramm**
Cafeteria				
Pausenbrot				
Schnellimbiss				
Salatbar				
McMac				
Sonstiges				
Gesamt				

b) Zeichne das Kreisdiagramm! 6

Viel Erfolg!

Von 30 Punkten hast du _____erreicht.

4.8 7. Stegreifaufgabe – Umgang mit Kreisdiagrammen

1) Die Klasse 6c hat 30 Schülerinnen und Schüler. 60 % der Klasse sind Mädchen. Während der Wiesn – Zeit tragen ⅓ der Buben eine Lederhose. und auch zwei Mädchen tragen Lederhosen. — 8

a) Wie viele Jungs tragen Lederhosen?

b) Die Hälfte aller Mädchen entscheidet sich zu einem Dirndl.
Wie viele Mädchen tragen ein Dirndl?

c) Welcher Anteil der Klasse trägt ein Dirndl?

d) Fülle die 4 - Feldertafel aus!

	Gesamt	Lederhose	Dirndl	Sonstiges
Mädchen				
Jungs				
Gesamt				

2) Zeichne ein Kreisdiagramm! 8

- 720 Menschen leben in einem Dorf.
- Die Hälfte der Menschen sind Italiener.
- 60 % der Italiener spielen Flöte.
- 140 Menschen sind Franzosen.
- 50 % aller Franzosen spielen Cello.
- Alle anderen sind Bayern.
- 80 % der Bayern singen.
- $\frac{3}{6}$ aller singenden Bayern singen leider falsch.

Berechne deine Einteilungen im Kreisdiagramm und stelle das Kreisdiagramm dar!

Von 16 Punkten hast du _____erreicht.

4.9 8. Stegreifaufgabe – Umgang mit Einheiten, Brüchen und Volumina

1) Rechne um! 4

5 m^3	dm^3
1 cm^3	mm^3
3 m^3	cm^3
1l	dm^3

2) Stelle als Bruch dar, überlege dir eine sinnvolle Einheit! 3

500 m^3	cm^3
0,250 cm^3	cm^3
0,750 cm^3	cm^3

3) Errechne die Volumina bzw. Seitenlänge anhand der Gegebenheiten! 6

	Formel	**Rechnung**
Quader : a = 2 cm b = 4 cm c = 0,5 cm		
Würfel: V= 27 m^3		
Schwimmbecken: Wasserhöhe: 0,8 m Grundfläche: 120m^2		

4) Ein Holzbalken hat eine Länge von 3m, eine Breite von 1,5 dm und eine Höhe von 10 cm. Berechne dessen Volumen! 2

Viel Erfolg
Von 15 Punkten hast du ________ erreicht.

4.10 9. Stegreifaufgabe - Rechenfertigkeit zur Prozentrechnung

1) Wie viel % sind 40 von 320. → ____________		20
2) 50% einer Zahl sind 234. → ____________		
3) Wie viel sind 125% von 100. → ____________		
4) Wie viel % sind $\frac{1}{4}$? → ____________		
5) 50% einer Zahl sind 229. → ____________		
6) Wie viel % sind 210 von 140. → ____________		
7) 150% einer Zahl sind 225. → ____________		
8) Wie viel % sind $\frac{1}{8}$? → ____________		
9) Wie viel % sind 25 von 125. → ____________		
10) 38% einer Zahl sind 342. → ____________		
11) Wie viel sind 125% von 60. → ____________		
12) Wie viel % sind 68 von 85. → ____________		
13) Wie viel % sind 294 von 140. → ____________		
14) 75 % einer Zahl sind 99. → ____________		
15) Wie viel % sind $\frac{1}{4}$? → ____________		
16) Wie viel % sind $\frac{3}{5}$? → ____________		
17) Wie viel ist 40 % von 88. → ____________		
18) 70 % einer Zahl sind 497. → ____________		
19) 33,33% einer Zahl sind $1\frac{1}{3}$. → ____________		
20) 12,5 % einer Zahl sind 80. → ____________		

Viel Erfolg! Von 20 Punkten hast du ________ erreicht.

4.11 10. Stegreifaufgabe – Übungen zu Gleichungen

Aufgabe	Punkte
1) Ermittle die unbekannte x:	10
a) $5 \cdot x = 30$	1
b) $3 \cdot x + 7 = 31$	2
c) $18 \cdot x = 75 - 21$	1
d) $9 \cdot x - x + 3 - 10 = 3 \cdot x + 38$	3
e) $7 + 2 \cdot x = 41$	1
f) $6 \cdot x + 20 = 8 \cdot x + 29$	2
2) Wenn du zum 7-fachen einer Zahl 16 dazu addierst, erhältst du 163.	4
3) Pauls Vater ist 38 Jahre älter als sein Sohn. Das Alter des Vaters erhältst du, wenn du Pauls Alter mit 4 multiplizierst und dann noch 1 abziehst.	5

Viel Erfolg! Von 19 Punkten hast du ______________ erreicht!

5 Rechnen mit echten Brüchen - Schulaufgaben

5.1 Schulaufgabe 1 - 1

1) Erweitere die Brüche mit 9! (4)

$\frac{2}{3}$ ______________________

$\frac{7}{8}$ ______________________

$\frac{12}{11}$ ______________________

$\frac{8}{9}$ ______________________

2) Bringe die Brüche auf den Nenner 12! (4)

$\frac{2}{3}$ ______________________

$\frac{24}{36}$ ______________________

$\frac{25}{60}$ ______________________

$\frac{36}{144}$ ______________________

3) Bringe die angegebenen Brüche auf den kleinsten gemeinsamen Nenner: (4)

$\frac{7}{6}$; $\frac{3}{2}$; $\frac{21}{48}$; $\frac{3}{8}$;

4) Ordne die Zahlen der Größe nach, beginne mit der kleinsten! (3)
→ Der Rechenweg muss nachvollziehbar sein!

$\frac{28}{15}$ $1\frac{22}{27}$ $\frac{11}{6}$

5) Berechne die Aufgaben, kürze falls möglich und wandle in Dezimalschreibweise um. 4

a) $\frac{8}{7} =$

b) $\frac{25}{12} =$

c) $\frac{72}{128} =$

d) $\frac{324}{72} =$

5) Welche gemischte Zahl ergibt sich, wenn du 220 durch 43 teilst? 1

7) Wie muss x lauten, damit die Gleichung korrekt ist? 2

$\frac{4}{9} = \frac{144}{x}$

8) Paul, Lukas und Mark haben ihr Abitur geschafft. Von Ihren Eltern bekommen sie für eine gemeinsame Reise insgesamt 4800,-- €. 9

Lukas bekommt $\frac{3}{8}$. $\frac{2}{5}$ vom Rest bekommt Mark, Pauls Anteil ist der Rest.

a) Wie viel Geld hat jeder zur Verfügung? 5

b) Welcher Anteil der Gesamtsumme fällt auf Paul, welcher auf Mark? 2

c) Veranschauliche die Anteile der Jungs anhand einer Graphik. Überlege dir eine möglichst einfache Darstellung! 2

Viel Glück!

Von 29 Punkten hast du _______ erreicht.

5.2 Schulaufgabe 1 - 2

Bei Endergebnissen sind Brüche **immer** vollständig zu kürzen und gegebenenfalls als gemischte Zahlen anzugeben.

1. Zeichne auf einem Zahlenstrahl mit der Längeneinheit 8 cm die folgenden Brüche genau ein. $\frac{1}{2}$, $\frac{1}{4}$, $\frac{3}{8}$, $\frac{5}{4}$, $\frac{5}{10}$	6
2. a) Verwandle $\frac{321}{7}$ in eine gemischte Zahl: $\frac{321}{7}$ = ________________ b) Kürze vollständig! $\frac{3420}{4410}$ = ________________ c) Bestimme den Bruchteil: $\frac{3}{7}$ von 2 h 41 min = ________________	8 2 3 3
3. Löse die Gleichungen. a) 12 · x = 29 b) 5 · x - 4 = 3 c) $10\frac{3}{4}$ - x = $1\frac{5}{6}$	8 2 3 3

4. Berechne den Term. 5

$2\frac{19}{28} - 1\frac{8}{21} + \frac{5}{12} =$

5. Herr Pfeiffer erbt einen Geldbetrag von 9600 €. $\frac{2}{3}$ des Betrages legt er auf die Bank. Für $\frac{1}{6}$ vom Rest des Geldes kauft er seiner Frau ein neues Fahrrad. Das übrige Geld verteilt Herr Pfeiffer zu gleichen Teilen auf seine Kinder Anita und Martin. 8

a) Welchen Betrag legt Herr Pfeiffer auf die Bank? 1

b) Wie teuer war das Fahrrad? 4

c) Welchen Anteil bekommt Anita? 3

Viel Glück!

Von 35 Punkten hast du _______ erreicht.

5.3 Schulaufgabe 1 - 3

Aufgabe	
1) Folgende Brüche sollen auf einen Nenner gebracht werden und dann der Größe nach sortiert werden! Der Nenner sollte so klein wie möglich sein. $\frac{12}{18};\ \frac{28}{21};\ \frac{2}{3};\ \frac{105}{63};$	4
2) Kürze vollständig! $\frac{72 \cdot 16 \cdot 102}{17 \cdot 2^3 \cdot 64 \cdot 2 \cdot 3} =$	4
3) Rechne um! a) $\frac{3}{25}$ km in Meter: b) 220 g in kg :	2
4) Im Gymnasium Starnberg sind 180 Schüler auf 6 Klassen verteilt. Die Hälfte aller Schüler nimmt Latein, 46 nehmen Englisch, 24 entscheiden sich für Italienisch und der Rest weiß noch nicht, was er als 3. Fremdsprache lernen möchte. Die Hälfte der Unentschlossenen wählt schließlich auch Französisch. Die übrigen Schüler, die sich nicht entscheiden können, werden zwangsweise zu Spanisch verdonnert. Der Direktor möchte die Sprachwahl auf seiner Internetseite mit einem Kreisdiagramm dargestellt haben. Berechne für ihn die entsprechenden Winkel und zeichne ein passendes Diagramm! Nimm dazu ein eigenes Blatt!	5

5) Der Direktor möchte zum Tag der offenen Tür in der Zeitung noch etwas Werbung für seine Schule machen. Da er nicht so viel Platz bekommt, wie er gerne hätte, entscheidet er sich für ein Halbkreisdiagramm. Anhand der letzten Mathematikschulaufgabe, soll die Qualität der Schule dargestellt werden. Der Mathematiklehrer und er haben sich entschlossen die Notenskala auf 1 – 4 zu reduzieren. Die Noten werden in folgenden Brüchen angegeben: 4

- Note 1: $\frac{1}{2}$
- Note 2: $\frac{1}{6}$
- Note 3: $\frac{2}{9}$
- Note 4: $\frac{1}{9}$

Wie würdest du die Brüche sinnvoll erweitern oder kürzen, um gleich den Anteil im Halbkreisdiagramm darzustellen?

Zeichne das Diagramm dazu!

Nimm ein eigenes Blatt!

6) Welcher Anteil der Figur ist gefärbt? Schreibe den Bruch neben die Figur! 3

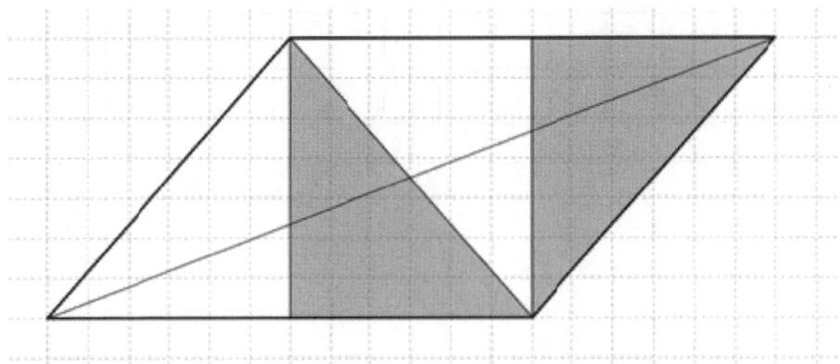

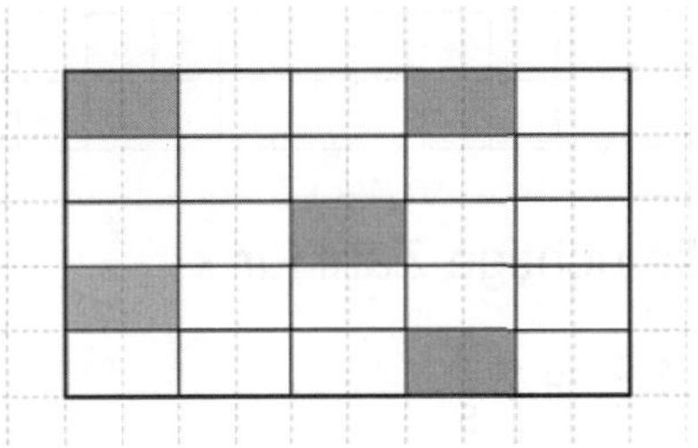

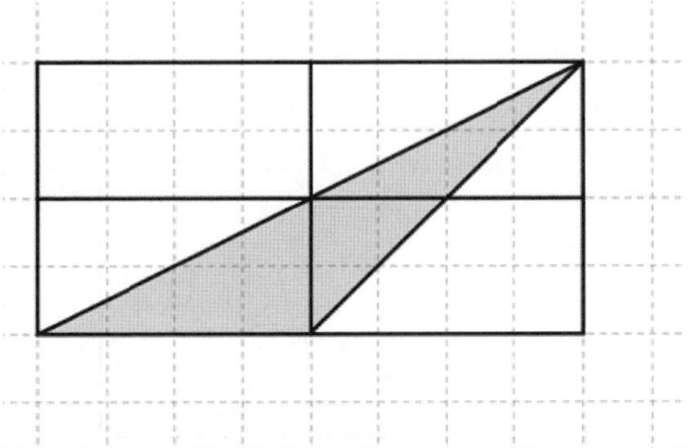

Von 22 Punkten hast du _____erreicht.

6 Rechnen mit Brüchen - Schulaufgaben

6.1 Schulaufgabe 2 – 1

Gebe alle Ergebnisse bitte vollständig gekürzt an, wenn möglich als Dezimalzahl!

Aufgabe	Punkte
1) Berechne den Wert des Terms und achte auf nachvollziehbare Rechenwege! a) $(\frac{1}{2} + \frac{1}{3}) + (\frac{2}{3} - \frac{5}{2}) =$ b) 9,075 – 7,86 =	5
1) Berechne : 0,083 – (0,08 – 1,806) + [(0,15 – 3,702) – 0,28] =	5
2) Finde die richtige Zahl für x a) $x : 4\frac{2}{7} = 2\frac{4}{5}$ b) $x \cdot 4\frac{2}{3} = \frac{2}{3}$ c) $x^2 = 1\frac{40}{81}$	6
3) Ersetze x und y so, dass die Gleichung einen wahren Gehalt bekommt. $\frac{13}{24} - \frac{1}{8} + \frac{x}{y} = 1{,}875$	5

4) Michael hat heute von einer Nachbarin Kekse bekommen, weil er ihr die Einkaufstaschen nach Hause getragen hat. Als sein Bruder Franz was abhaben möchte, teilt er die Kekse zu gleichen Teilen. Als seine kleine Schwester Nina auch gerne was hätte, gibt er ihr ein Viertel von dem, was er noch hat. Wie viel vom Ganzen hat am Ende jedes Kind? 6

	Ansatz	Rechnung
Michael		
Franz		
Nina		

6) Berechne den Wert des Platzhalters x! 4

a) $\frac{5}{9} \cdot x = 1\frac{1}{9}$

b) $\frac{x}{2} \cdot 8 = 12$

7) Berechne den Wert des Terms 4

$2{,}4 - 0{,}4 \cdot 4\frac{1}{2} + 1\frac{1}{2} : 0{,}5 =$

Setze nun zwei Klammerpaare so, dass der Wert des Terms 32 ergibt!

Viel Glück!

Von 35 Punkten hast du _______ erreicht.

6.2 Schulaufgabe 2 - 2

1) Berechne den Wert des Terms und achte auf nachvollziehbare Rechenwege! 10

a) $(\frac{1}{4} + \frac{1}{3}) + (\frac{2}{3} - \frac{1}{2}) =$

b) $12{,}125 - 4{,}38 =$

c) $7\frac{5}{27} - 3\frac{5}{18} - \frac{5}{9} =$

d) $\frac{7}{10} - \frac{1}{4} + 2{,}389 - 1{,}57 =$

2) Die nächste Englischschulaufgabe steht an und Clara möchte ihre Vokabeln lernen. Am Freitag wiederholt sie $\frac{3}{8}$ der Vokabeln, am Samstag 10 % und am Sonntag $\frac{3}{20}$. 5

a) Welchen Anteil ihrer Vokabeln hat sie nun wiederholt? 3

b) Wie viele Wörter sind es insgesamt **mindestens** gewesen? (Überlege gut!) 2

Gibt es andere Möglichkeiten für die Gesamtanzahl der Vokabeln?

3) Berechne, indem du die Platzhalter mit passenden Zahlen füllst! 5

$\frac{13}{24} - \frac{1}{8} + \frac{x}{y} = 1{,}875$

4) Berechne den Wert des Platzhalters x! 4

a) $\frac{2}{7} \cdot x = 1\frac{1}{7}$

b) $\frac{x}{4} \cdot 8 = 6$

5) Bei einer Umfrage werden 200 Personen nach ihrer Lieblingsfarbe befragt. In der Tabelle erkennst du die Verteilung: 5

Farbe	Weiß	Blau	Schwarz	Sonstige
Anzahl	56	64	36	44

Berechne die relative Häufigkeit

a) der Farben weiß und blau als Bruch

b) der Farbe schwarz in Prozent

c) der sonstigen Antworten als Dezimalbruch und runde auf Hundertstel

Viel Glück!

Von 29 Punkten hast du ________ erreicht.

6.3 Schulaufgabe 2 - 3

1) Debora lässt Ihre Badewanne ein. Sie mischt 2 Liter Wasser mit der Temperatur 12° C mit 20 Liter der Wassertemperatur 54° C. 2

Die Mischtemperatur lässt sich mit folgender Formel berechnen:

$$T_{misch} = \frac{M1 \cdot T2 + M1 \cdot T2}{M1 + M2} \rightarrow \frac{2 \cdot 12°C + 20 \cdot 54°C}{20 + 2}$$

M = Masse Wasser; T = Temperatur 1

a) Berechne die Mischtemperatur von Deboras Badewannenwasser!

1

b) Welche Mischtemperatur stellt sich ein, wenn du nach oben genannter Formel berechnest und einmal 6 Liter Wasser mit 12° C und 10 Liter mit 60° C mischst?

2) In Bayern gibt es zwei Berge, Berg A und Berg B, beide haben eine private Wetterstation, die senden kann. Die Reichweite bei Berg A ist 4 km, bei Berg B kann die Station sogar 6 km weit senden. Die Wetterstationen von Berg A und B haben 8 km Luftlinie. Stelle anhand einer Zeichnung dar, in welchem Gebiet beide Wetterstationen empfangen werden können. 3

Nehme an das 1 km = 1 cm entspricht. Färbe die Fläche ein.

3) Im Folgenden siehst du drei Bilder. Bei dem ersten kannst du leicht erkennen, dass der Flächeninhalt des einen Dreiecks gleich dem Flächeninhalt des anderen Dreiecks ist. Die Breite des Rechtecks ist 4 cm, die Höhe ist 5 cm. Wie verhält es sich bei den anderen beiden Bildern. Erkläre! 3

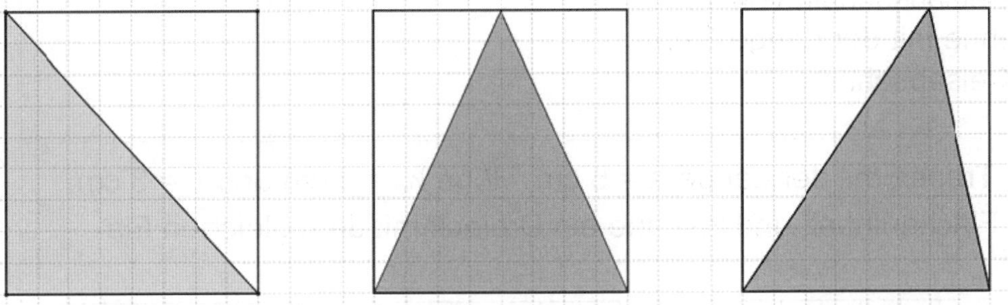

4) a) Ein Dreieck $\Delta\, A, B, C$ hat die Winkel α, β, γ. Der Winkel $\alpha = 45°$, $\beta = 75{,}96°$. Berechne γ ! Zeichne dann das Dreieck und kontrolliere deinen errechneten Winkel. 3

b) Zeichne einen stumpfen und einen spitzen Winkel! Gib die Definitionen zu stumpfen und spitzen Winkeln an! 2

<table>
<tr><td>5) Zeichne einen Kreis mit dem Radius 5 cm. Nimm ein extra Blatt und zeichne Folgendes in den Kreis ein!<ul><li>Den Durchmesser, wie viele cm hat dieser?</li><li>Den Radius</li><li>Einen Kreisausschnitt von 45°</li><li>Eine Sehne mit der Länge 3 cm</li><li>Einen Kreisabschnitt</li></ul></td><td>5</td></tr>
<tr><td>6) Zeichne ein Trapez mit der Länge a = 5 cm, Höhe h_a = 3 cm und c = 3 cm. Berechne den Flächeninhalt und zeichne ein Dreieck mit dem gleichen Flächeninhalt.</td><td>4</td></tr>
</table>

Von 18 Punkten hast du _____erreicht.

7 Rechnen mit Brüchen / Geometrie - Schulaufgaben

7.1 Schulaufgabe 3 – 1

Alle Rechenschritte müssen nachvollziehbar sein. Kürze die Brüche vollständig oder schreibe sie als gemischte Zahl, wenn möglich.

1) Berechne! 5

$(8\frac{2}{5} : 3 - 3\frac{2}{3} \cdot 2) : 5\frac{2}{3} - \frac{1}{3} \cdot 1{,}2 =$

2) Kreuze die richtige Lösung ohne Berechnung an (Überschlage): 2

a) $13{,}425 \cdot 5{,}16 =$

O 0,69273
O 6,9273
O 692,73
O 69,273

b) $0{,}6874 : 0{,}41 =$

O 167,65
O 1,6765
O 16,765
O 0,1676

3) Das Treppengeländer in der Schule hat Gitterstäbe, die 80 cm hoch sind. Der erste und der letzte Stab haben einen Abstand 5,40 m. 6

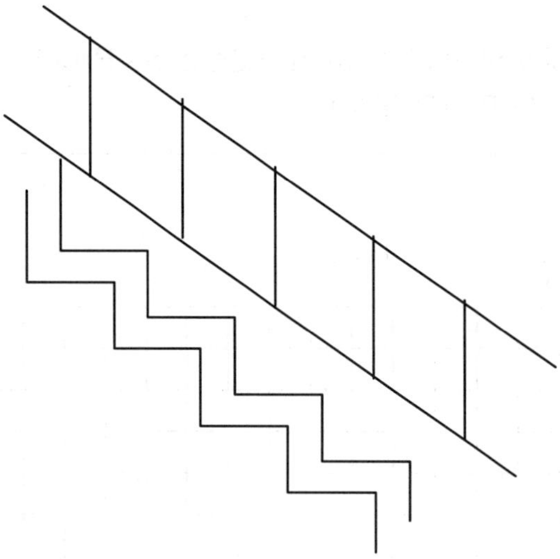

a) Wie viele senkrechte Stäbe muss es geben, wenn der Abstand zwischen 2 Stäben 30 cm beträgt?

b) Welche Flächenform erkennst du zwischen zwei Stäben und welcher Flächeninhalt ergibt sich?

4) Berechne die Höhe h_b eines Dreiecks, von dem folgende Angaben bekannt sind: $A = 3\frac{4}{5}$ cm² $B = 2\frac{3}{8}$ cm — 4

5) Von Ihrem Taschengeld spart Susi $\frac{1}{4}$. Für $\frac{1}{5}$ des Rests kauft sie Süßigkeiten. Vom übrigen Geld gibt sie $\frac{1}{3}$ für Sticker aus und $\frac{2}{3}$ für einen Kinonachmittag. — 6

a) Welchen Anteil ihres Taschengeldes gibt Susi für Süßigkeiten aus?

b) Welchen Anteil ihres Taschengeldes gibt sie für Sticker aus?

c) Welchen Anteil ihres Taschengeldes gibt sie für das Kino aus?

6) Berechne und achte auf Rechenvorteile! — 6

14 h 25 min : 60 - 275 s =

Viel Glück!

Von 28 Punkten hast du ____________ erreicht.

7.2 Schulaufgabe 3 - 2

Alle Rechenschritte müssen nachvollziehbar sein. Kürze die Brüche vollständig oder schreibe sie als gemischte Zahl, wenn möglich.

1) Erläutere wie man a) Brüche multipliziert ____________________ b) Brüche dividiert ____________________ c) Nenne einen wesentlichen Unterschied zur Addition ____________________	3
2) Berechne! a) $3\frac{1}{3} - 2\frac{1}{5} - (-\frac{2}{5} + 0{,}6) =$ b) $(\frac{5}{7} + \frac{1}{14}) : 1\frac{4}{7} + 0{,}5) \cdot (-0{,}3)^2 =$	6
3) Familie Oswald möchte ihre 25 m² große Dachterrasse neu pflastern. Wie viele Platten werden benötigt, wenn das Plattenmaß 90 cm x 60 cm ist?	3

4) Am Maximilansgymnasium findet jährlich ein Sommerfest statt. Von insgesamt 600 Schülern sind ca. 10 % an der Organisation des Festes beteiligt. 6

- $\frac{1}{5}$ ist zuständig für den Verkauf von Essen.
- $\frac{3}{10}$ verkauft Getränke
- $\frac{1}{3}$ hat Spiele für die Gäste vorbereitet
- Der Rest ist für das Krisenmanagement zuständig, z.B. Erste Hilfe, Problembewältigung etc.

a) Welchen Anteil belegt das Krisenmanagement?

b) Ermittle wie viele Personen für jeden Bereich benötigt werden.

5) Ergänze: 11 sind 4

______ % von 1100	______ % von 220
______ % von 10	______ % von 1

Viel Glück!

Von 22 Punkten hast du ____________ erreicht.

7.3 Schulaufgabe 3 – 3

Alle Rechenschritte müssen **nachvollziehbar** sein. Kürze die Brüche vollständig oder schreibe sie als gemischte Zahl.

1) Berechne die verschiedenen Brüche! a) als Dezimalzahl und b) als Bruch. 9

a) $$\frac{\left(\frac{7}{8} - 0{,}56\right) : \frac{5}{9}}{\frac{1}{5} + 0{,}225 + \frac{13}{25}} =$$

b) $$\frac{0{,}34 \cdot 0{,}66}{3{,}4 \cdot 0{,}011 \cdot 18} =$$

2) Berechne den Wert des Terms. 4

$3{,}2 \cdot (-1{,}6) \cdot ½ - ½ =$

Kreuze an, welche Aussagen für den Wert des Terms stimmen:

> - 2	> - 2,1	< 1	> - 3,1
O	O	O	O

3) Welche Breite hat ein 20 m langes Schwimmbecken, wenn es 2,5 m tief ist und Fassungsvolumen von 600000l Wasser hat. 5

4) Ergänze: 15 sind 4

______ % von 1500	______ % von 60
______ % von 10	______ % von 5

5) Paul und Anton pflücken Äpfel. Als sie 3 große Eimer gesammelt haben, meint Paul: „Komm Anton das ist genug, das sind mindestens 12 kg.“ 4

Anton ist froh, dass sie aufhören, aber er widerspricht: „Quatsch, das sind locker 15 kg!“

Vervollständige die nachstehenden Sätze:

Pauls Schätzung liegt ________ % unter Antons Schätzung.

Antons Schätzung liegt ________ % über Pauls Schätzung.

Viel Glück!

Von 26 Punkten hast du ___________ erreicht.

8 Schulaufgaben mit Schwerpunkt Geometrie

8.1 Schulaufgabe 4 – 1

Verwende hier bitte ein eigenes Blatt.

1) Gegeben sei das Dreieck ABC. Mit den Koordinaten: A= (3,2) B= (10,2) C = (4,9)	
a) Trage die Punkte in ein geeignetes Koordinatensystem ein, benenne die Seiten. Runde, wenn nötig.	3
Berechne den Flächeninhalt ausgehend von allen drei Seiten, also von a mit der Höhe h_a, b mit Höhe h_b und c mit Höhe h_c. Zeichne die jeweiligen Höhen ein!	3
b) Auf was musst du achten, wenn du die Höhen einzeichnest?	1
c) Um welche Art von Dreieck handelt es sich?	1
d) Spiegel den Punkt A an der Strecke g, verbinde dann A mit B und C. Was entsteht? Berechne den Flächeninhalt der entstanden Figur. Was fällt dir auf?	3
2) Ein Trapez, ein Dreieck und ein Parallelogramm sollen alle drei eine Höhe h von 3 cm und einen Flächeninhalt von 12 cm² haben. Berechne und zeichne! Nimm dazu ein eigenes Blatt!	6
3) a) Der Flächeninhalt eines Parallelogramms beträgt 30 cm², der Umfang 23 cm. Wie lang sind die beiden gegenüberliegenden Seiten a und c, wenn die Höhe a (h_a) 7,5 cm beträgt. b) Berechne die beiden anderen Seiten b und d.	4
4) Berechne! a) $\left[\left(8\frac{2}{4}:3\right)+12\right] - \left[\left(3\frac{2}{3}\cdot 2\right)+10\right] =$ b) $\left[\left(2\frac{3}{4}:2\right)+\frac{13}{8}\right]\cdot 5 - \left[\left(\frac{3}{5}\cdot\frac{15}{3}\right)-\left(\frac{3}{5}\cdot\frac{5}{3}\right)\right]:2 =$	6

Viel Glück

Von 27 Punkten hast du ________ erreicht.

8.2 Schulaufgabe 4 - 2

1) Pferdewirt Altdorff hat sich entschlossen eine neue Koppelanlage zu bauen. Für die Pferde die krank sind, möchte er ein paar Paddocks bauen. Einige Boxen liegen etwas verschachtelt, daher sollen hier die Paddocks gezogen werden, damit ein paar gerade Linien entstehen.
Er bittet seinen Sohn, der Mathematik studiert, den Paddockplan zu zeichnen. Dieser fängt an, den einen oder anderen Winkel auszumessen, hat dann aber keine Lust mehr und übergibt alle Zeichnungen seinem Vater.

a) Errechne die fehlenden Winkel. Gib eine Begründung an. Wie nennt man die Winkel? 3
Verwende ein zusätzliches Blatt!

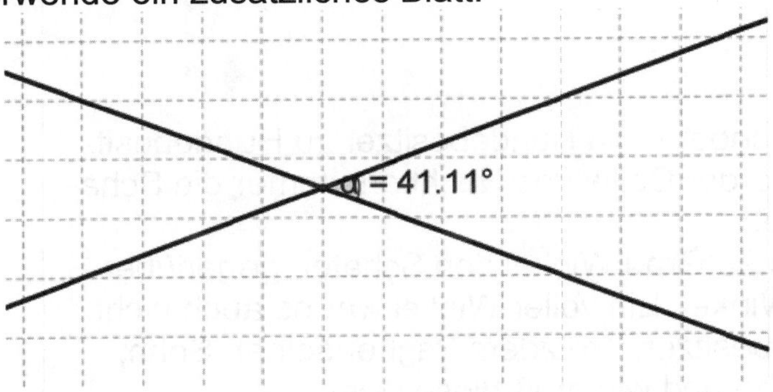

b) Errechne alle fehlenden Winkel. Der gegebene Winkel ist: $\alpha = 39{,}81°$. 3

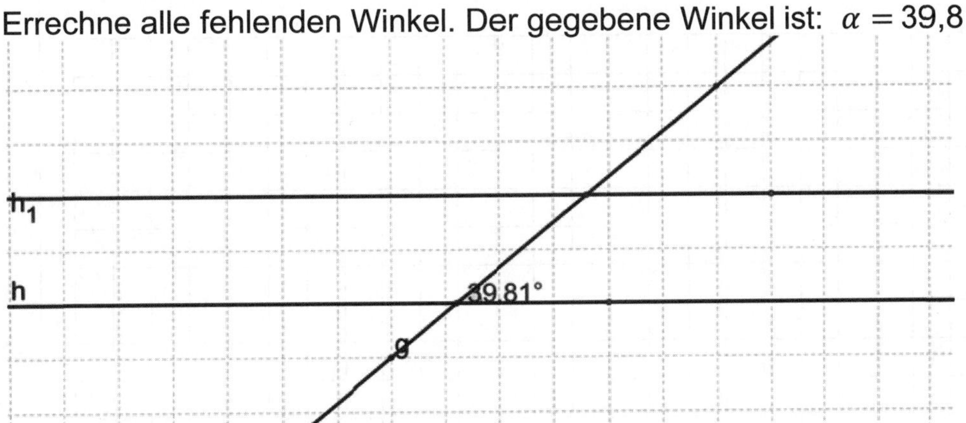

c) Altdorff macht sich an das Errechnen des Umfangs der Koppeln. Sie sollen so groß werden, wie sein Dressurplatz nämlich 60 m lang und 40 m breit. 10 Koppeln möchte er bauen, alle nebeneinander. Berechne wie viel Meter Holzzaun er benötigt.	2
  2) Bei einem Gespräch mit dem Nachbarn von Hundebesitzer zu Hundebesitzer erfährt Herr Altdorff, dass der Border Collie des Nachbarn immer die Schafe in einem bestimmten Winkel hütet. Altdorff erinnert sich, dass er nie im 90 Grad Winkel den Schafen gegenübersteht und auch nicht im 180 Grad Winkel. Ein voller Winkel war es auch nicht. Alles andere vergisst er, als Moppsbesitzer. Trotzdem fragt er seinen Sohn, welche anderen Winkel es noch gäbe und wie groß diese seien:	3

3) Altdorff entscheidet sich einen neuen Reitplatz zu bauen. Um eventuell auch einmal ein paar Sprünge aufstellen zu können, baut er den Platz in **L** Form. Gedanklich kann er dann den Platz in einen großen Dressurplatz und einen kleinen Springplatz einteilen.

Vor der Sandbestellung fragt er wieder seinen Sohn um Rat.
Der Platz für die Dressurreiter soll 40 m x 60 m werden, der angehängte Springplatz aber nur 20 m breit und 20 m tief sein. Der Sand soll 0,25 m hoch aufgeschüttet werden.
a) Berechne das Volumen des neuen Reitplatzes (Dressur- und Springplatz) und erstelle eine Skizze, in die du die Maße einträgst. Nimm für die Skizze ein extra Blatt. Zeichne die Form oder Formen auf, aus welchen du deine Volumenberechnung ableitest. 4

b) Der Lastwagen, der den Sand liefert, hat eine rechteckige Ladefläche. Sie ist 20 m hoch. Berechne, welche Länge und Breite die Lieferfläche haben müsste um den Sand zu laden. Bedenke sinnvolle Maße für einen Lastwagen. 2

4) Da Altdorff jetzt gerade richtig in Fahrt ist, möchte er auch gleich noch neue Späne für die kleine Halle bestellen. Die Grundfläche der Halle beträgt 400 m². Der Belag sollte 0,5 m hoch werden. Schwierig ist, dass die Halle erhöht über dem Stall liegt und der Lastwagen eine Rampe in den ersten Stock hochfahren muss. Daher muss der Sohn das Gewicht der Späne berechnen. 1 dm³ der Späne wiegt 1,2 kg. Die Rampe hat eine maximale Belastbarkeit von 200 Tonnen. Kann ein Lastwagen die gesamte Späne auf einmal anliefern?	4
5) Altdorff `s Wasserhahn tropft. Er verliert in 3 Minuten 4 cm³. Er stellt einen 5 Liter Eimer darunter. Wann muss er den Eimer leeren? 	2

Viel Glück

Von 22 Punkten hast du ________ erreicht.

8.3 Schulaufgabe 4 - 3

1) Gegeben ist folgendes Dreieck: **10**

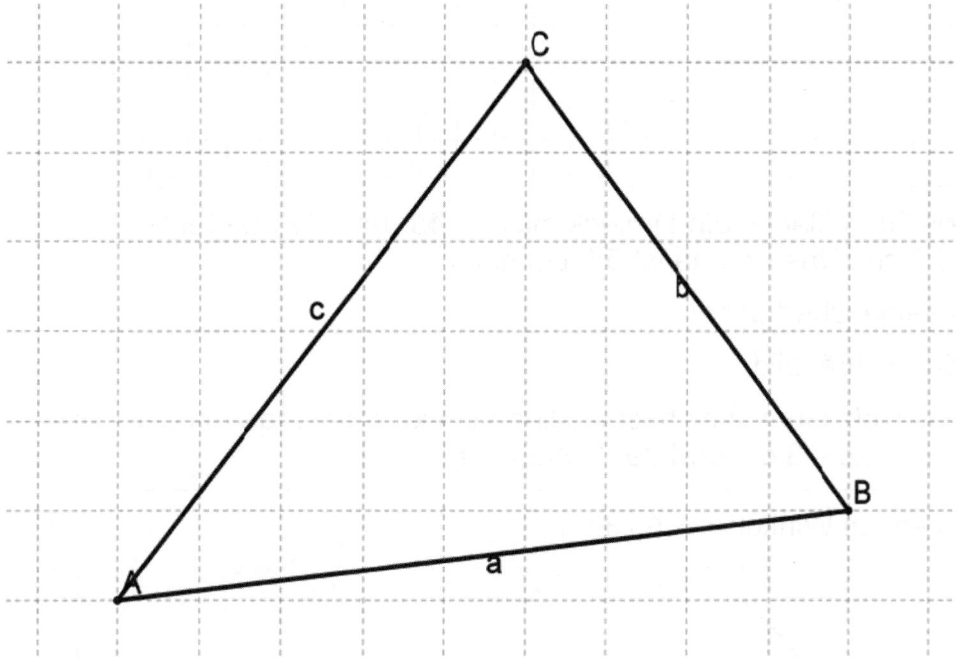

a) Bestimme die Winkel: 3

∡ ABC = __________ ∡ CAB ______________ ∡ BCA _________

b) Trage die Höhen h_a, h_b, h_c sauber ein und beschrifte sie! 3

c) Was ist eine Höhe? Wie kann man erkennen, dass die Höhen ordentlich eingezeichnet sind? 3

Verwende einen Fachbegriff!

✎ ____

____

d) Berechne den Flächeninhalt des Dreiecks! Gegeben sei a = 9 cm; h_a = 5,5 cm. 1

2) Gegeben sei ein Würfel mit einer Oberfläche von 24 dm². Berechne sein Volumen! **2**

3) Ein Prisma hat als Grundfläche ein Dreieck mit $\alpha = 45°$ und den Seitenlängen 5 cm, 6 cm und 7 cm. Das Prisma ist 5,5 cm hoch. **8**

a) Berechne seine Oberfläche! **4**

b) Zeichne das Schrägbild **2**

c) Zeichen das Netz eines gleichschenkligen Dreiecksprismas mit den Seitenlängen a, b, c = 3 cm und der Höhe 4 cm! **2**

4) Berechne die fehlenden Winkel: $\alpha = 66{,}8$ ° **2**

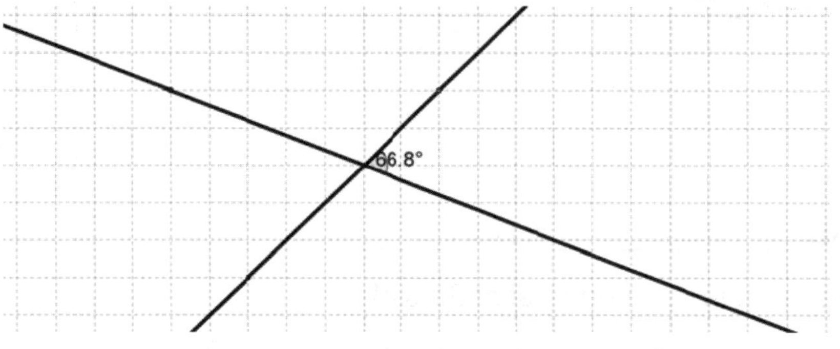

6) Wandle in die angegebene Volumeneinheit um: **5**

13 m³		dm³
630000 cm³		m³
3,24 cm³		mm³
0,95 m³		cm³
$\frac{13}{20}$ dm³		cm³

Von 27 Punkten hast du _____erreicht.

9 Knacknüsse

Hier findest du Aufgaben zu allen Themen, welche sich auch mal zum Üben für Zwischendurch oder zum Wiederholen in den Ferien eignen. Du musst nicht alle Aufgaben auf einmal lösen.

1) Berechne folgenden Bruch! $(16{,}8 : 3 - 1\frac{2}{5} \cdot 2 + 0{,}6) : 5\frac{2}{3} - \frac{1}{3} \cdot 1{,}2 =$	2
2) Berechne alle Teiler der Zahlen! $3 \cdot 7 \cdot 11$	4
3) Zerlege die folgenden Zahlen in Primfaktoren! Verwende die Potenzschreibweise	7
a) 330	2
b) 2400	2
c) 49500	3
4) Berechne: $(2^3 \cdot 5^2 \cdot 7 \cdot 11) : (2 \cdot 5 \cdot 7 \cdot 11) =$	3

5) Wandle um! **5**

ml	0,00026 cm³
l	4,5 m³
$\frac{3}{4}$ hl	m³
2700 l	m³
2,45 ml	cm³

6) Ergänze die Tabelle! **4**

Bruch		$\frac{7}{5}$		$\frac{66}{132}$
Dezimalzahl	0,75		$0,\overline{2}$	

7) Linus bekommt zu seinem Geburtstag am Donnerstag einen Zauberwürfel. Er beginnt noch am gleichen Tag und macht jeden Tag eine Seite. **2**

An welchem Tag hat er den gesamten Zauberwürfel geschafft?

Der ganze Würfel ist am

____________________ fertig.

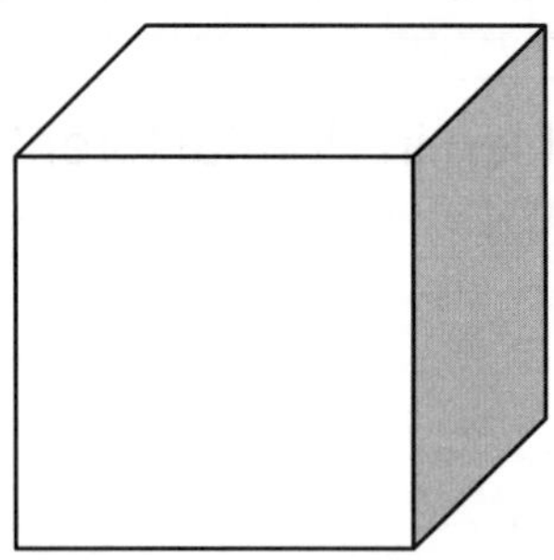

8) Bob der Hund trinkt an normalen Tagen 80 ml Wasser nach dem Abendspaziergang. Wenn sein Herrchen ihm viele Stöcke geworfen hat, trinkt er ¼ mehr. Herrchen wirft jeden 2 Tag abends Stöcke. Wie viel trinkt Bob in 14 Tagen abends? **2**

☐ 1200 ml ☐ 1,26 l ☐ 1,25 l ☐ 1263 ml

☐ 1380 ml ☐ 1,56 l ☐ 1,28 l ☐ 1864 ml

9) Was habe ich konstruiert? Die **hellgraue** Stecke wollte ich erhalten. Der Winkel war gegeben. Die Kreise benötige ich für die Konstruktion. ✎ Ich habe ________________________________ konstruiert. 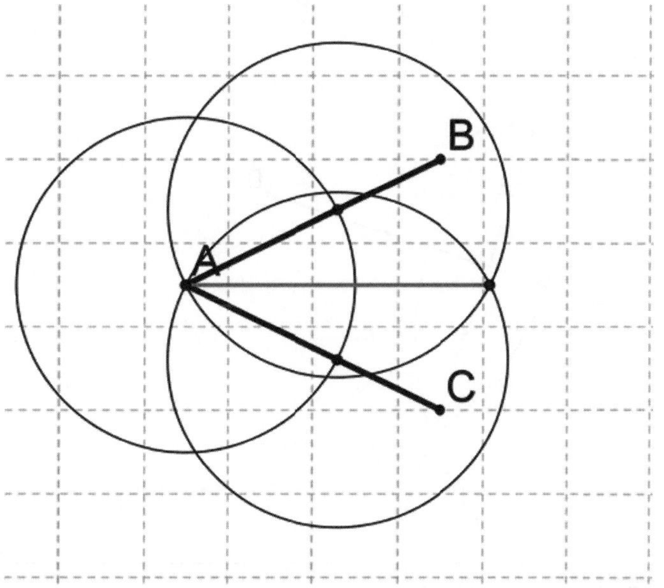 	1
10) Richtig oder falsch? a) Bei einer Verschiebung bleibt die Figur immer gleich und sieht gleich aus. ☐ richtig ☐ falsch b) Bei einer Spiegelung bleibt die Figur immer gleich und sieht gleich aus. ☐ richtig ☐ falsch c) Der mathematische Begriff für Verschiebungspfeil ist Vektor. ☐ richtig ☐ falsch	3
11) Im Spiegel zeigt eine Uhr 16:35. Wie viel Uhr ist es wirklich?  ✎ ________________________________	1

12) Was habe ich hier konstruiert? Die **hellgraue** Linie habe ich konstruiert, die Stecke AB war gegeben, die Kreise benötige ich zur Konstruktion. 1

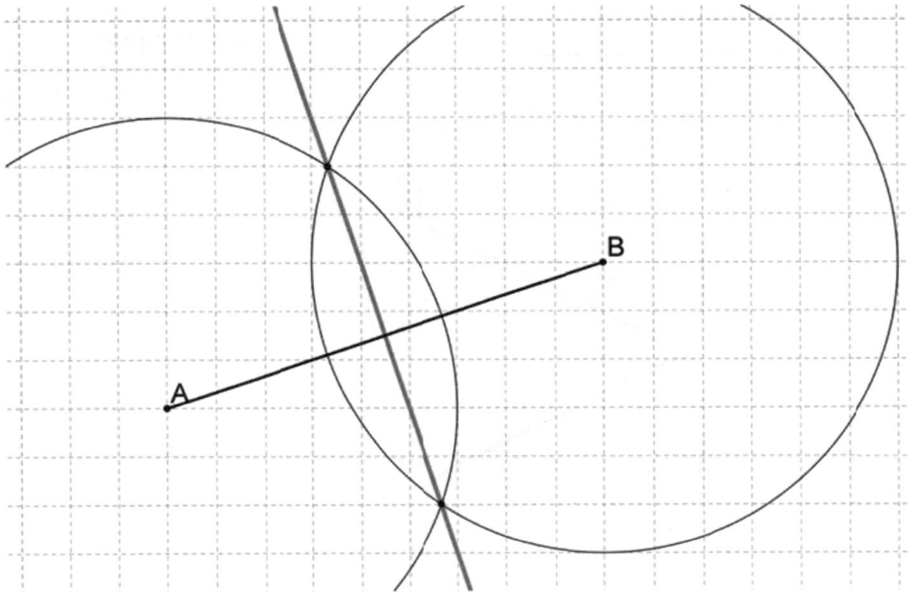

13) Was stellt folgende Zeichnung dar? 1

☐ eine Punktspiegelung ☐ eine Achsenspiegelung
☐ eine Drehung ☐ eine Verschiebung

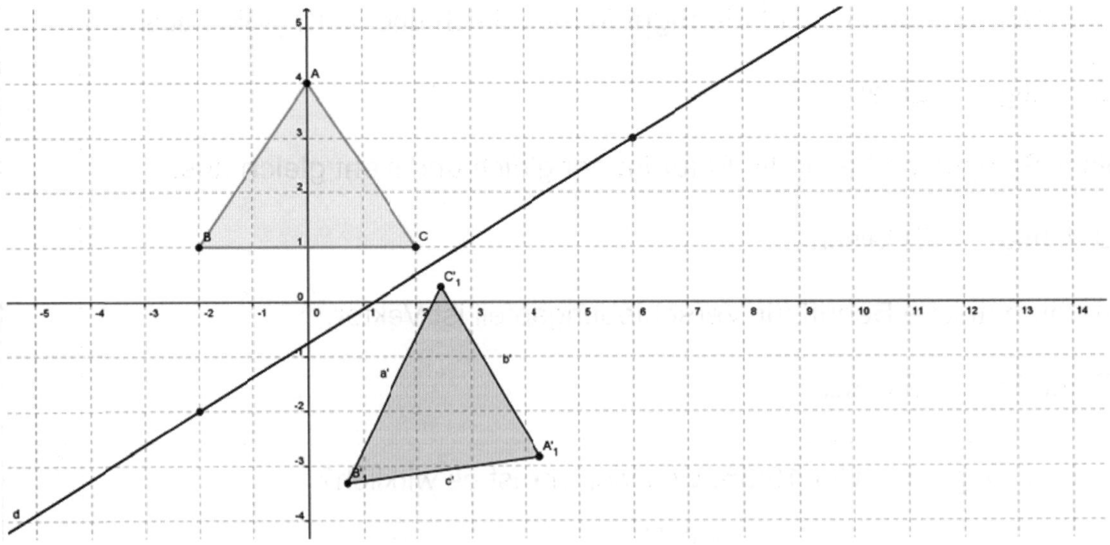

14) Welches Netz stellt folgende Figur dar? 1

Das Netz ___________________________________.

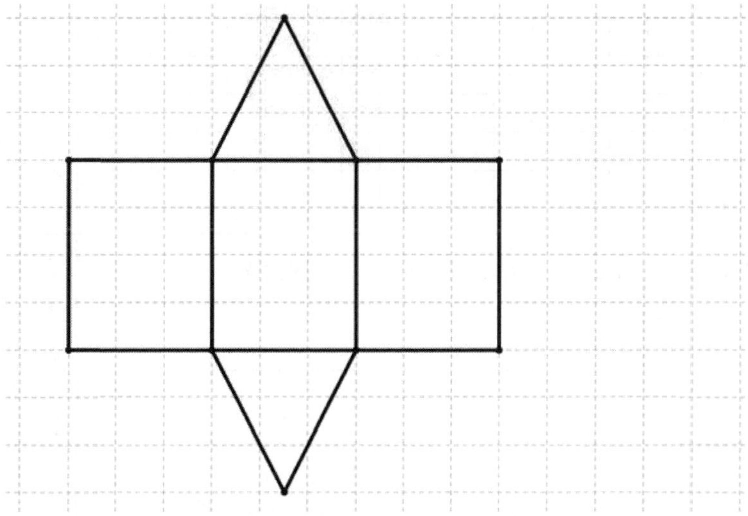

15) Zeichne ein Dreiecksprisma! 2

16) Paul ist heute dreimal so alt wie Anton vor fünf Jahren war. In fünf Jahren ist Paul doppelt so alt wie Anton heute ist. Wie alt sind die beiden Jungen? Versuche eine x-Gleichung aufzustellen!	4
17) Wandle folgende Zahlen in Brüche um und kürze soweit möglich.	7
a) 5,18 = ________________	2
b) 0,14 = ________________	2
c) 24,048 = ________________	3
18) Maya fliegt in den Sommerferien mit ihrer Familie von München nach Los Angeles. Die geplante Abflugzeit ist 7:35 Uhr und die Ankunftszeit in L.A. beträgt 11:05 Uhr Ortszeit. Wie lange dauert der Flug? **Beachte**: Wenn es in L.A. 12:00Uhr mittags ist, ist es in München bereits 21:00 Uhr.	3

19) Der neue Wagen von Familie Fröhlich verbraucht ca. 6,8 l auf 100 km.	5
a) Wie hoch ist der Verbrauch bei 125 km?	3
b) Wie weit kommt Familie Fröhlich mit einer vollen Tankladung von 48 l? Du darfst auf ganze Zahlen runden (oder auch überschlagen mit Begründung überschlagen!	2

20) In München soll ein neues Gymnasium erbaut werden. Die Schule beginnt mit 2 Zügen á 30 Schüler bis zur achten Klasse. Die Gesamtkapazität der Schule liegt bei 3 Zügen für alle Jahrgangsstufen. 9

a) Wie hoch ist die Gesamtkapazität der Schule und mit welchem Anteil an Schülern startet das Gymnasium? 2

b) Um auf die sportlichen Neigungen seiner Schüler eingehen zu können, werden die Schüler im Vorfeld nach ihren Lieblingssportarten befragt. Die Schüler haben ihre Wahl gemäß nachstehender Tabelle getroffen. 5

Volleyball	35
Fußball	33
Handball	22
Basketball	35
Tennis	36
Rhythmische Gymnastik	27
Jazztanz	18
Leichtathletik	34

Veranschauliche diese Angaben in einem Kreisdiagramm!

c) Welcher Anteil der Schüler belegt Jazztanz und rhythmische Gymnastik? 2

21)Zeichne die angegebenen Winkel und benenne jeweils die Winkelart. 3

a) 47° ______________________________

b) 149° ______________________________

c) 245° ______________________________

Viel Glück

Von 70 Punkten hast du ________ erreicht.

10 Lösungen

10.1 Lösung - Schnelltest Rechenfertigkeit

Rechne:		38
(–12) – (14 – (– 1))	= **-27**	
(–2) · ((– 4) + 9)	= **-10**	
15 – (10 – (12 – (13 – 14)))	= **18**	
((–3) – ((– 4) – (–5))) · (2 – (–3))	= (-3 – (-4 +5)) · (2 + 3) = (-3 – 1) · 5 = **–20**	
(–2) · (– 3) · (– 4) : (–6)	= -24 : -(6) = **4**	
4 · (6 – 7) – 2 · (8 – 9)	= -4 – (-2) = **-2**	
((– 9) – (– 12)) · ((–3) – 4)	= ((–9) + 12) · (– 7) = 3 · (–7) = **–21**	
16 + (4 · (– 2) + (– 4) · (–5))	= 16 + (–8 + 20) = 16 + 12 = **28**	
((– 5) + (–1)) · (7 – (– 4))	= (– 6) · (11) = **– 66**	
(–16) – (14 + (–1))	= (–16) – (13) = **–29**	
(–2) · ((– 4) + 9)	= (–2) · 5 = **–10**	
15 – (10 – (12 – (3 – 14)))	= 15 – (10 – (12 – (–11))) = 15 – (10 – 23) = 15 – (–13) = **28**	
((– 3) – ((– 4) +(– 5))) · (2 – (–3))	= (–3 – (–4 –5)) · (2 + 3)) = (–3 – (–9)) · 5) = (–3 +9) · 5) = **30**	
(– 3) · (–3) · 4 : (– 6)	= (–3) · (–3) · 4 : (–6) = 9 · 4 : (–6) = 36 : -6 = **-6**	
(9 – (– 12)) · ((– 3) + 4)	= (9 + 12) · 1 = **21**	
16 + (4 · (– 4) + (– 4) · (– 2))	= 16 + (-16 + 8) = **8**	
(8 + (–1)) · (7 – (– 4) ²)	= 7 · (7 – (16)) = 7 · (-9) = **–63**	
12 + 2 · 14	= 12 + 28 = **40**	
6 · 4 + 3 · (15 – 12) =	= 24 + 3 · 3 = 24 + 9 = **33**	

10.2 Lösung 1. Stegreifaufgabe - Übung zu Brüchen

1) Vergleiche die Brüche, ergänze den fehlenden Operanden und schreibe zu a und b eine passende Regel, zu c den Rechenweg oder eine verbale Erläuterung auf. a) $\frac{273}{625}$ **<** $\frac{354}{625}$ ✎ Bei gleichem Nenner ist die Zahl mit dem größeren Zähler auch die größere Zahl b) $\frac{77}{137}$ **>** $\frac{77}{138}$ ✎ Bei gleichem Zähler ist die Zahl mit dem größeren Nenner die kleinere Zahl c) $\frac{35}{84}$ **<** $\frac{21}{38}$ ✎ kleiner als ½ und gößer als ½	7
2) Welche Strecke ist länger? $\frac{2}{3}$ von 12 km oder $\frac{2}{7}$ von 35 km $\frac{2}{3} \cdot 12$ km = $2 \cdot 4$ km = 8 km $\frac{2}{7} \cdot 35$ km = $2 \cdot 5$ km = 10 km → Diese Strecke ist länger!	2
3) Wandle die angegebenen Zahlen in ganze Brüche oder gemischte Schreibeweise und umgekehrt. Falls möglich, bitte kürzen!	4
4) Setze das Zeichen > oder < ein. a) 44.044 (<) 44.400 b) 99.090 (>) 90.909	2

Tabelle zu Aufgabe 3:

$\frac{5}{2}$	2,5	0,2	$\frac{1}{5}$
$\frac{2}{3}$	0,6666..	0,7	$\frac{7}{10}$
$\frac{3}{4}$	0,75	0,25	$\frac{1}{4}$
$\frac{1}{2}$	0,5	0,125	$\frac{1}{8}$
$\frac{3}{5}$	0,6	1,2	$\frac{6}{5} = 1\frac{1}{5}$

10.3 Lösung 2. Stegreifaufgabe – Umgang mit Brüchen

1) a) $\frac{2}{6}$ der Figur = $\frac{8}{24}$ oder $\frac{1}{3}$

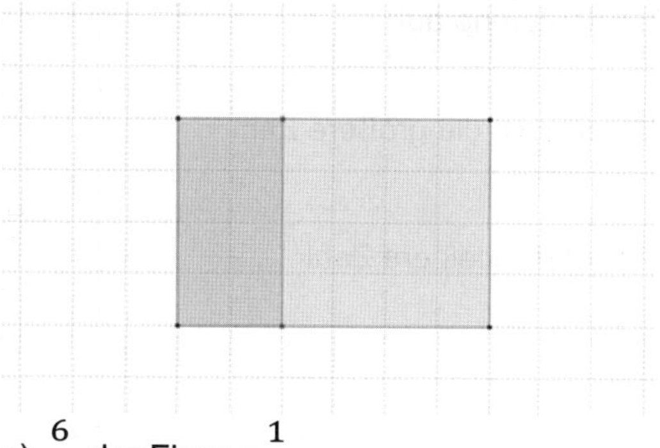

b) $\frac{3}{12}$ der Figur = $\frac{6}{24}$ oder $\frac{1}{4}$

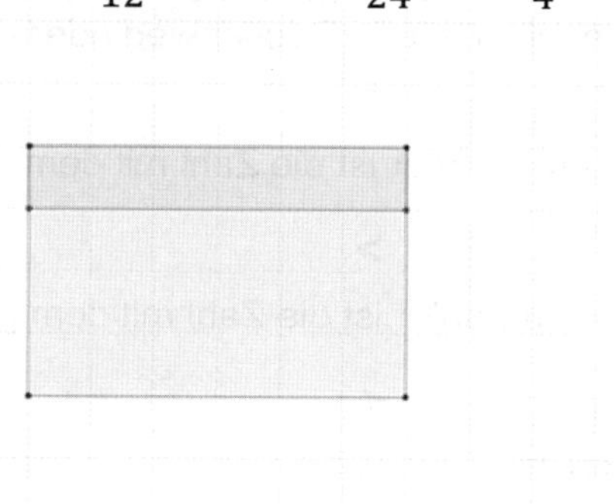

c) $\frac{6}{12}$ der Figur = $\frac{1}{2}$

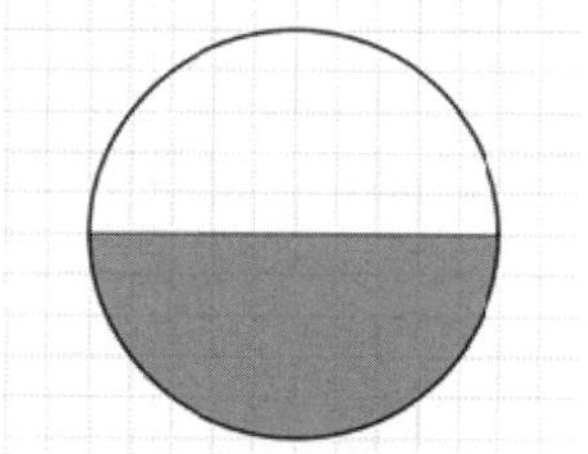

3

2)

☑ $\frac{1}{2}$ ☐ $\frac{3}{8}$ ☑ $\frac{4}{8}$ ☑ $\frac{8}{16}$ ☑ $\frac{2}{4}$

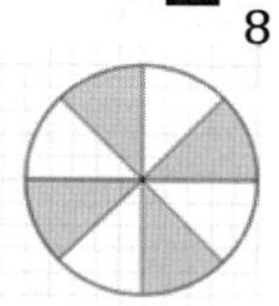

☑ $\frac{6}{12}$ ☑ $\frac{50}{100}$ ☐ $\frac{2}{3}$ ☐ $\frac{18}{16}$ ☐ $\frac{22}{4}$

6

3)

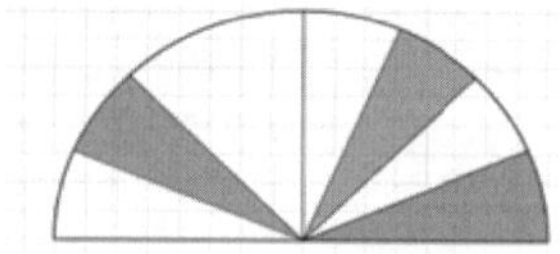

☐ $\frac{8}{5}$ ☑ $\frac{3}{8}$ ☐ $\frac{1}{2}$ ☐ $\frac{2}{3}$ ☐ $\frac{3}{4}$ ☑ $\frac{12}{32}$

2

4)

$\frac{1}{4}$ m	$\frac{4}{8}$ m	**0,8 m**	$\frac{2}{8}$ m	0,25 m	50 cm
0,5 m	**$\frac{4}{5}$ m**		***$\frac{14}{100}$ m***		***14 cm***
$\frac{16}{20}$ m	***$\frac{7}{50}$ m***	***0,14 m***	**8 dm**	$\frac{2}{4}$ m	25 cm

8

10.4 Lösung 3. Stegreifaufgabe – Umgang mit Brüchen

1) Julius beklagt sich über zu wenig Taschengeld. 50 € im Monat reichen kaum, denn: • $\frac{1}{2}$ benötigt er jeden Monat für ein neues Playstationspiel • $\frac{1}{5}$ landet in der Eisdiele • Ein weiteres $\frac{1}{5}$ benötigt er um mit seiner Freundin Kakao trinken zu gehen • Den Rest spart er für die Geburtstage seiner Familie, also für seine Mutter, seinen Vater und seinen Bruder Linus. Für alle gibt er gleich viel aus. • 50 € $\cdot \frac{1}{2} = \frac{50}{2}$ € = **25 €** für das Playstationspiel • 50 € $\cdot \frac{1}{5} = \frac{50}{5}$ € = **10 €** für das Eis, das Gleiche für Kakao. • 25 € + 10 € + 10 € = 45 €; 50 € - 45 € = **5 €** spart er für die Geschenke. • 5 € · 12 (Monate) = 60 € : 3 = **20 €** pro Person und Geschenk.	5
2) Berechne: a) $\frac{8}{5} + \frac{11}{5} + \frac{13}{5} = \frac{32}{5} = \mathbf{6\,\frac{2}{5}}$ b) $\frac{11}{211} + \frac{3}{422} + \frac{2}{1} = \frac{22}{422} + \frac{3}{422} + \frac{844}{422} = \frac{22+3+844}{422} = \frac{869}{422} = \mathbf{2\,\frac{25}{422}}$ c) Addiere $3\,\frac{1}{2}$ zur Differenz von $3\,\frac{4}{3}$ und $1\,\frac{1}{4}$. $3\,\frac{1}{2} + \left(3\,\frac{1}{2} - 1\,\frac{1}{4}\right) =$ $3\,\frac{1}{2} + \left(3\,\frac{16}{12} - 1\,\frac{3}{12}\right) =$ $3\,\frac{1}{2} + 2\,\frac{13}{12} = 3\,\frac{1}{2} + 3\,\frac{1}{12} =$ $3\,\frac{6}{12} + 3\,\frac{1}{12} = \mathbf{6\,\frac{7}{12}}$ d) Subtrahiere $\frac{1}{5}$ von der Summe aus $5\,\frac{2}{5}$ und $2\,\frac{2}{3}$. $\left(5\,\frac{2}{5} + 2\,\frac{2}{3}\right) - \frac{1}{5} =$ $\left(5\,\frac{6}{15} + 2\,\frac{10}{15}\right) - \frac{3}{15} = 7\,\frac{16}{15} - \frac{3}{15} = \mathbf{7\,\frac{13}{15}}$	4

10.5 Lösung 4. Stegreifaufgabe - Rechnen mit Dezimalzahlen

1. Berechne: **4**
   a) 16,5 – 10,75 + 2,03 = 7,78
   b) 30,8 · 0,25 = 7,7
   c) 9,714 : 0,03 = 323,8
   d) 0,045 · 10000 = 450

2. Welche Zahl musst du für x einsetzen? **2**
   a) x + 0,12 = 1,9 | - 0,12
   x = 1,78
   b) 1,26 – x = 0,18 | - 1,26
   -x = 0,18 – 1,26 = - 1,08 | · (-1)
   x = 1,08

3. Eine Klasse mit 12 Mädchen und 14 Jungen gehen ins Kino. Der Eintrittspreis beträgt für alle 93,60 €. Wie viel € kostet die Eintrittskarte für jeden Schüler? **2**
   12 + 14 = 26 Schüler
   93,6 : 26 = 3,60 € kostet eine Eintrittskarte

4. **Multipliziere** die Differenz aus 6,75 und 5,25 mit der Summe aus 0,03 und 0,17. **3**
   6,75 - 5,25 = **1,5**
   0,03 + 0,17 = **0,2**
   1,5 · 0,2 = **0,3**

5. Folgende Noten wurden in der letzten Mathematikarbeit geschrieben. Berechne den Mittelwert der Stegreifaufgabe auf 2 Stellen hinter dem Komma! **3**

Anzahl	Note	Summe
4	1	4
8	2	16
6	3	18
3	4	12
2	5	10
1	6	6
24		**66**

$$\frac{\text{Summe aller Noten}}{\text{Anzahl Schüler}}$$

66 : 24 = 2,75

6. Rechne in die vorgegebene Einheit um. **4**

a) 3 ½ m = **350 cm**
b) 5 kg 12 g = **5012 g**
c) 6 cm 8 mm = **6,8 cm**
d) 3,25 h = **205 min**

10.6 Lösung 5. Stegreifaufgabe – Umgang mit Brüchen

1) Erweitere folgende Brüche mit den angegebenen Zahlen: a) $\frac{5}{6}$ mit 4: $\frac{5}{6} = \frac{20}{24}$ b) $\frac{3}{8}$ mit 3: $\frac{3}{8} = \frac{9}{24}$ c) $\frac{2}{1}$ mit 6: $\frac{2}{1} = \frac{12}{6}$	3
2) Kürze die folgenden Brüche um die angegebene Zahl: a) $\frac{74}{222}$ mit 74 $= \frac{1}{3}$ b) $\frac{99}{66}$ mit 33 $= \frac{3}{2}$ c) $\frac{24}{33}$ mit 3 $= \frac{8}{11}$	3
3) Kürze vollständig! a) $\frac{25}{15} = \frac{5}{3} = 1\frac{2}{3}$ b) $\frac{13}{39} = \frac{1}{3}$ c) $\frac{11}{121} = \frac{1}{11}$ d) $\frac{25}{5} = \frac{5}{1} = 5$ e) $\frac{28}{12} = \frac{7}{3} = 2\frac{1}{3}$ f) $\frac{4}{10} = \frac{2}{5}$	3
4) Der Wert des ersten angegebenen Bruchs bleibt erhalten, erweitere und kürze entsprechend! a) $\frac{4}{5} = \frac{\mathbf{8}}{10} = \frac{\mathbf{16}}{\mathbf{20}} = \frac{76}{\mathbf{95}} = \frac{48}{\mathbf{60}}$ oder: $\frac{\mathbf{16}}{\mathbf{20}} = \frac{\mathbf{32}}{\mathbf{40}}$ b) $\frac{9}{2} = \frac{\mathbf{18}}{\mathbf{4}} = \frac{\mathbf{27}}{6} = \frac{36}{\mathbf{8}} = \frac{\mathbf{99}}{\mathbf{22}}$	10

10.7 Lösung 6. Stegreifaufgabe – Umgang mit Kreisdiagrammen

1) 24

Art des Essens	Anteil in Bruch	Anteil in %	Anzahl Schüler	Winkel im Kreisdiagramm
Cafeteria	$\frac{3}{5} = \frac{60}{100}$	60%	360	216°
Pausenbrot	$\frac{3}{25} = \frac{12}{100}$	12%	72	43,2°
Schnellimbiss	$\frac{1}{20} = \frac{5}{100}$	5%	30	18°
Salatbar	$\frac{1}{20} = \frac{5}{100}$	5%	30	18°
McMac	$\frac{1}{10} = \frac{10}{100}$	10%	60	36°
Sonstiges	$\frac{2}{25} = \frac{8}{100}$	8%	48	28,8°
Gesamt	$\frac{100}{100}$	100%	600	360°

a) Ausrechnen der % Zahl: 600 Schüler = 100 %
72 Schüler = x; X = $\frac{72 \cdot \not{100}}{\not{600}}$; x = 12 %

Ausrechnen der Winkelzahl: 600 Schüler = 360°
1 Schüler = 360° : 600
1 Schüler = 0,6°
Anzahl der Schüler · 0,6° = Winkelzahl

Ausrechnen der Bruchzahl: 1 % = $\frac{1}{100}$ → 12 % = $\frac{12}{100}$, dann kürzen.

b) 6

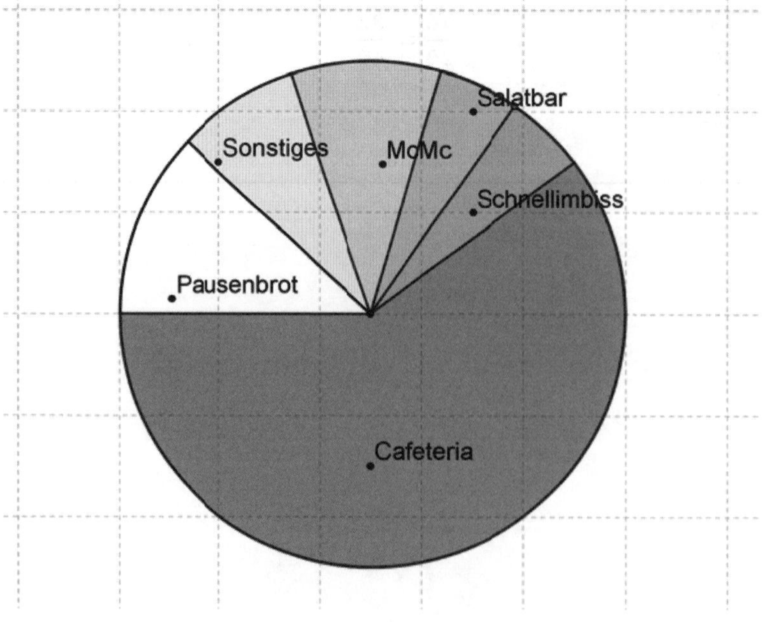

10.8 Lösung 7. Stegreifaufgabe – Umgang mit Kreisdiagrammen

1) a) 100 % ≙ 30 Schüler und Schülerinnen 8

40 % ≙ x ➲ $\frac{40 \cdot 30}{100}$ = 12 ➲ In der Klasse gibt es 12 Jungs.

Es gibt 12 Jungs in der Klasse , $\frac{1}{3}$ tragen Lederhosen:

12 · $\frac{1}{3}$ = 12 : 3 = 4, 4 Jungs tragen eine Lederhose.

b) 100 % ≙ 30 Schüler und Schülerinnen

60 % ≙ x ➲ $\frac{60 \cdot 30}{100}$ = 18 Mädchen. Probe: 18 + 12 = 30

Die Hälfte der Mädchen trägt ein Dirndl, *also 18 : 2 = 9*

9 Mädchen tragen ein Dirndl.

c) 30 ≙ 100 %

9 ≙ x % ➲ $\frac{9 \cdot 100}{30}$ = 30 %;

30 % der Klasse trägt ein Dirndl.

d) Fülle die 4- Feldertafel aus!

	Gesamt	Lederhose	Dirndl	Sonstiges
Mädchen	**18**	**2**	**9**	**7**
Jungs	**12**	**4**	**0**	**8**
Gesamt	**30**	**6**	**9**	**15**

2) Zur Berechnung. 8

➲ Ein Kreis hat 360°
➲ 720 Menschen müssen auf 360°verteilt werden; 720 : 360° = 2 °,
➲ 2 Menschen fallen auf ein Grad oder ein Mensch 0,5°.

- 720 Menschen leben in einem Dorf. ➲ der gesamte Kreis.
- Die Hälfte der Menschen sind Italiener. ➲ der halbe Kreis.
- 60 % der Italiener spielen Flöte. 720 : 2 = 360 Italiener. $\frac{360 \cdot 60}{100} = \frac{2160}{10}$ = 216 · 0,5° = 108°
- 140 Menschen sind Franzosen. ➲ 140 · 0,5° = 70 °
- 50 % aller Franzosen spielen Cello. ➲ 35 °
- Alle anderen sind Bayern. ➲ 720 – 360 – 140 = 220 · 0,5 ° = 110 °
- 80 % der Bayern singen. ➲ $\frac{220 \cdot 80}{100} = \frac{1760}{10}$ = 176 ➲ 176 · 0,5° = 88°
- $\frac{3}{6}$ aller singenden Bayern singen leider falsch. ➲ $\frac{3}{6} = \frac{1}{2}$ sind 50 % ➲ 88° : 2 = 44°.

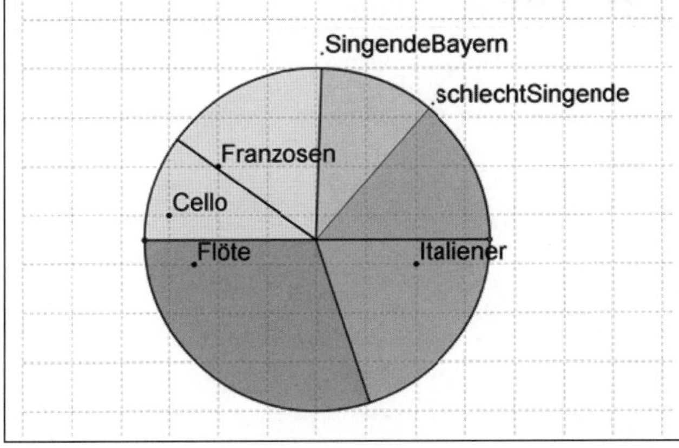

10.9 Lösung 8. Stegreifaufgabe – Umgang mit Einheiten, Brüchen, Volumen

1) Rechne um! 4

5 m^3	5.000	dm^3
1 cm^3	1.000	m^3
3 m^3	3.000.000	cm^3
1l	1	dm^3

2) Stelle als Bruch dar! 3

500 mm^3	$\frac{1}{2}$ cm^3
0,250 cm^3	$\frac{1}{4}$ cm^3
0,750 cm^3	$\frac{3}{4}$ cm^3

3) Errechne die Volumina der verschiedenen Formen! 6

Form	Formel	Rechnung
Quader : a = 2 cm b = 4 cm c = 0,5 cm	$V = a \cdot b \cdot c$	2cm · 4cm · 0,5cm = **4 cm^3**
Würfel: V = 27 m^3	$V = a^3$	**27 m^3 =** 3 m · 3 m · 3 m a = 3m
Schwimmbecken: Wasserhöhe: 0,8 m Grundfläche: 120m^2	V = Grundfläche · h	0,8 m · 120 m^2 8 m · 12 m^2 = **96 m^3**

4) Ein Holzbalken hat eine Länge von 3m, eine Breite von 1,5 dm und eine Höhe von 10 cm. Berechne dessen Volumen! 2

$V = a \cdot b \cdot c$

V = 30 dm · 1,5 dm · 1dm

V = 45 dm^3

15 Punkte

10.10 Lösung 9. Stegreifaufgabe - Rechenfertigkeit zur Prozentrechnung

1)	Wie viel % sind 40 von 320.	→ **12,5 %**	20
2)	50% einer Zahl sind 234.	→ **468**	
3)	Wie viel sind 125% von 100.	→ **125**	
4)	Wie viel % sind $\frac{1}{4}$?	→ **25%**	
5)	50% einer Zahl sind 229.	→ **458**	
6)	Wie viel % sind 210 von 140.	→ **150%**	
7)	150% einer Zahl sind 225.	→ **150**	
8)	Wie viel % sind $\frac{1}{8}$?	→ **12,5%**	
9)	Wie viel % sind 25 von 125.	→ **20%**	
10)	38% einer Zahl sind 342.	→ **900**	
11)	Wie viel sind 125% von 60.	→ **75**	
12)	Wie viel % sind 68 von 85.	→ **80 %**	
13)	Wie viel % sind 294 von 140.	→ **210%**	
14)	75 % einer Zahl sind 99.	→ **132**	
15)	Wie viel % sind $\frac{1}{4}$?	→ **25%**	
16)	Wie viel % sind $\frac{3}{5}$?	→ **60%**	
17)	Wie viel ist 40 % von 88.	→ **35,2 = 35** $\frac{1}{5}$	
18)	70 % einer Zahl sind 497.	→ **710**	
19)	33,33% einer Zahl sind $1\frac{1}{3}$.	→ **3** $\frac{3}{3}$ **= 4**	
20)	12,5 % einer Zahl sind 80.	→ **640**	

10.11 Lösung 10. Stegreifaufgabe – Übungen zu Gleichungen

1) Ermittle die unbekannte x:	10
a) $5 \cdot x = 30$ | : 5 x = 30 :5 → **<u>x = 6</u>**	1
b) $3 \cdot x + 7 = 31$ | -7 3x = 24 | 3 → **<u>x = 8</u>**	2
c) $18 \cdot x = 75 - 21$ 18x = 54 | : 18 → **<u>x = 3</u>**	1
d) $9 \cdot x - x + 3 - 10 = 3 \cdot x + 38$ (9x - x) + (3 -10) = 3x + 38 = 8x – 7 = 3x + 38 | - 3x +7 8x – 3x = 38 + 7 = 5x = 45 | : 5 → **<u>x = 9</u>**	3
e) $7 + 2 \cdot x = 41$ | -7 2x = 34 | : 2 → **<u>x = 17</u>**	1
f) $6 \cdot x + 20 = 8 \cdot x + 29$ | - 20 – 8x -2x = 9 | : (-2) → $x = -\frac{9}{2}$ **<u>= - 4,5</u>**	2
2) Wenn du zum 7fachen einer Zahl 16 dazu addierst, erhältst du 163. $7 \cdot x + 16 = 163$ | - 16 7x = 163 – 16 = 147 | : 7 $x = \frac{147}{7}$ **<u>x = 21</u>**	4
3) Pauls Vater ist 38 Jahre älter als sein Sohn. Das Alter des Vaters erhältst du, wenn du Pauls Alter mit 4 multiplizierst und dann noch 1 abziehst. ➔ Stelle aus den dir bekannten Angaben eine Gleichung aus! Paul soll dabei x sein. 1. Vater = x + 38; 2. Vater = (x · 4) - 1 $4 \cdot x - 1 = x + 38$ 4 x = x + 38 + 1= x + 39 4x – x = 39 3 x = 39 → x = 39 : 3 = 13 **Paul ist 13** und sein **Vater** ist (13 + 38) **= 51** <u>oder</u> 4 · 13 – 1 = 52 – 1 **= 51**.	5

10.12 Lösung Schulaufgabe 1 – 1

1) Erweitere die Brüche mit 9! 4

$\frac{2}{3} = \frac{2 \cdot 9}{3 \cdot 9} = \mathbf{\frac{18}{27}}$

$\frac{7}{8} = \frac{7 \cdot 9}{8 \cdot 9} = \mathbf{\frac{63}{72}}$

$\frac{12}{11} = \mathbf{\frac{108}{99}}$

$\frac{8}{9} = \mathbf{\frac{72}{81}}$

2) Bringe die Brüche auf den Nenner 12! 4

$\frac{2}{3} = \mathbf{\frac{8}{12}}$ (mit 4 erweitern)

$\frac{24}{36} = \mathbf{\frac{8}{12}}$ (kürzen mit 3)

$\frac{25}{60} = \mathbf{\frac{5}{12}}$ (kürzen mit 5)

$\frac{36}{144} = \mathbf{\frac{3}{12}}$ (kürzen mit 12)

3) Bringe die angegebenen Brüche auf einen <u>gemeinsamen</u> Nenner: 4

$\frac{7}{6}$; $\frac{3}{2}$; $\frac{21}{48}$; $\frac{3}{8}$;

kgV (2,6,8,48) → 48 → erweitere alle Brüche so, dass im Nenner 48 steht!

$\frac{7}{6} = \mathbf{\frac{56}{48}}$; $\frac{3}{2} = \mathbf{\frac{72}{48}}$; $\mathbf{\frac{21}{48}}$; $\frac{3}{8} = \mathbf{\frac{18}{48}}$

(Der Größe nach geordnet: $\frac{3}{8} = \mathbf{\frac{18}{48}}$; $\mathbf{\frac{21}{48}}$; $\frac{3}{2} = \mathbf{\frac{72}{48}}$ $\frac{7}{6} = \mathbf{\frac{56}{48}}$)

4) Ordne die Zahlen der Größe nach, beginne mit der <u>kleinsten</u>! 3

$\frac{28}{15}$ $1\frac{22}{27}$ $\frac{11}{6}$

$15 = 3 \cdot 5$; $27 = 3 \cdot 3 \cdot 3 = 3^3$; $6 = 2 \cdot 3$ → kgV (15,27,6) = $3^3 \cdot 5 \cdot 2 = \mathbf{270}$

→ erweitere alle Brüche so, dass im Nenner 270 steht

$\frac{28 \cdot 18}{270} = \mathbf{\frac{504}{270}}$ $1\frac{22 \cdot 10}{270} = 1\frac{270+220}{270} = \mathbf{\frac{490}{270}}$ $\frac{11 \cdot 45}{270} = \mathbf{\frac{495}{270}}$

Anordnung: $\mathbf{1\frac{22}{27}} = \mathbf{\frac{490}{270}}$ $\mathbf{\frac{11}{6}} = \mathbf{\frac{495}{270}}$ $\mathbf{\frac{28}{15}} = \mathbf{\frac{504}{270}}$

5) Berechne die Aufgaben, kürze falls möglich und wandle in Dezimalschreibweise um. 4

a) $\frac{8}{7} = 1\frac{1}{7} = 1{,}14$

b) $\frac{25}{12} = 2\frac{1}{12} = 2{,}08$

c) $\frac{72}{128} = \frac{9}{16} = 0{,}56$

d) $\frac{324}{72} = \frac{27}{6} = \frac{9}{2} = 4{,}5$

6) Welche gemischte Zahl ergibt sich, wenn du 220 durch 43 teilst? 1

220 : 43 = **5,11... = 5 $\frac{5}{43}$** 43 ist eine Primzahl, deshalb kann nicht gekürzt werden!

215
0050
 43
0007

7) Wie muss x lauten, damit die Gleichung korrekt ist? 2

$\frac{4}{9} = \frac{144}{x} \quad | \cdot x$

$\frac{4}{9}x = 144 \quad | \cdot 9$

$4x = 1296 \quad | : 4$

$x = 324$

8) Paul, Lukas und Mark haben ihr Abitur geschafft. Von Ihren Eltern bekommen sie für eine gemeinsame Reise insgesamt 4800,-- €. 9

Lukas bekommt $\frac{3}{8}$. 2/5 vom Rest bekommt Mark, Pauls Anteil ist der Rest. 5

a) Wie viel Geld hat jeder zur Verfügung?

Lukas: $\frac{3}{8}$ von 4800,-- € = **1800**,-- € → Rest: 3000,-- €

Paul: $\frac{2}{5}$ von 3000,-- € = **1200**,-- € → LUKAS . 3000,-- -1200,-- = **1800**,-- €

Lukas und Mark erhalten jeweils 1800,-- €, Paul erhält 1200,-- €.

b) Welcher Anteil der Gesamtsumme fällt auf Paul, welcher auf Mark? 2

Mark erhält $\frac{3}{8}$ (wie Lukas), Paul bekommt $\frac{2}{8} = \frac{1}{4}$ von der Gesamtsumme.

(Eigentlich musst du hier nicht groß rechnen. Insgesamt gibt es $\frac{8}{8}$, Lukas und Mark haben beide gleiche Anteile je $\frac{3}{8}$ → ergibt zusammen $\frac{6}{8}$ → dann bleiben für Paul noch $\frac{2}{8}$ übrig) ☺

c) Veranschauliche die Anteile der Jungs anhand einer Graphik. Überlege dir eine möglichst einfache Darstellung! Beispiel: 2

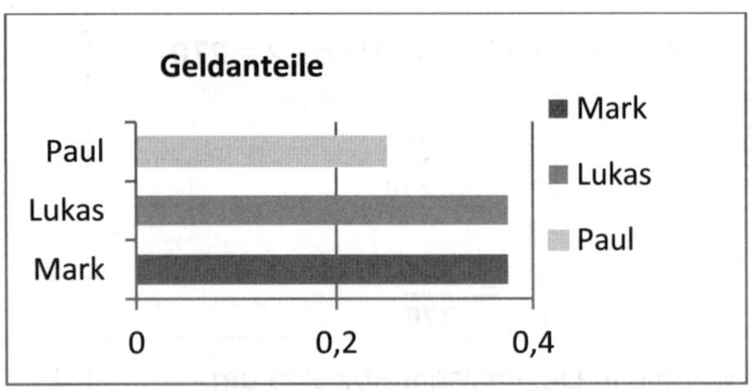

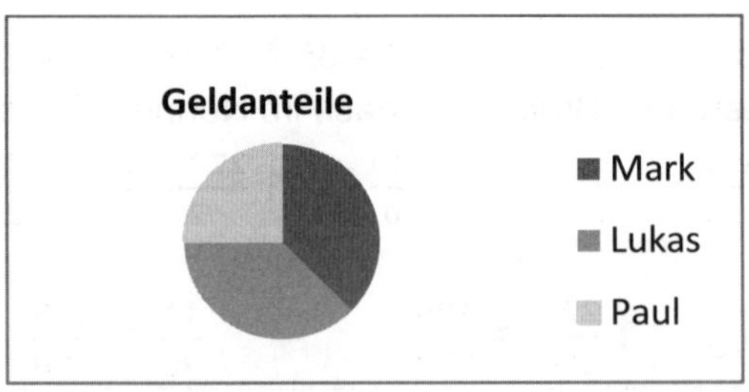

10.13 Lösung Schulaufgabe 1 - 2

Bei Endergebnissen sind Brüche **immer** vollständig zu kürzen und gegebenenfalls als gemischte Zahlen (mit maximal 3 Nachkommastellen) anzugeben.

1. Zeichne auf einem Zahlenstrahl mit der Längeneinheit 8 cm die folgenden Brüche genau ein. 6

$\frac{1}{2}$, $\frac{1}{4}$, $\frac{3}{8}$, $\frac{5}{4}$, $\frac{5}{10}$

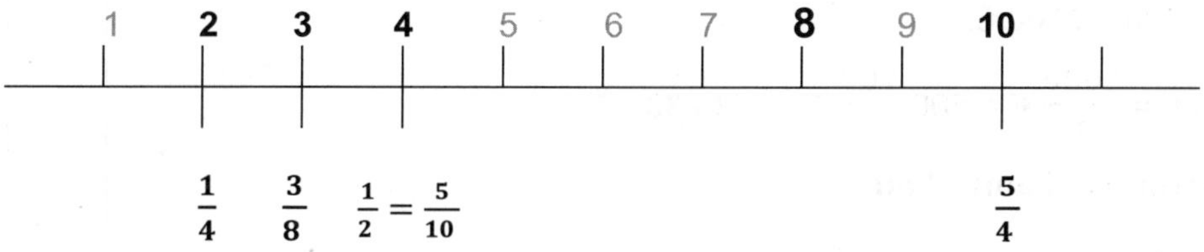

2. a) Verwandle $\frac{321}{7}$ in eine gemischte Zahl: 8

$\frac{321}{7}$ = 321:7 = **45,857...** 2

b) Kürze vollständig!

kürzen: 10 3 3 3

$\frac{3420}{4410} = \frac{342}{441} = \frac{114}{147} = \frac{38}{49} = \frac{38}{49}$ = 0,775...

3

c) Bestimme $\frac{3}{7}$ von 2 h 41 min = **1h 9 min**

2 h 41 min = 161 min → $\frac{3}{7}$ von 161 min = $\frac{3 \cdot 161}{7}$ min = (161 : 7) · 3 = 23 · 3 = **69 min**

3. Löse die Gleichungen 2/2/4/P 8

a) 12 · x = 29 2

12x = 29 | :12 → x = $\frac{29}{12}$ = **2 $\frac{5}{12}$**

b) **5 · x - 4 = 3** | +4 → 5x = 7 | :5 → x = $\frac{7}{5}$ = **1 $\frac{2}{5}$** 3

c) **10$\frac{3}{4}$ - x = 1 $\frac{5}{6}$** 3

- x = 1 $\frac{5}{6}$ - 10$\frac{3}{4}$ **= - 9** $\frac{1}{12}$ | · (-1) → **x = 9 $\frac{1}{12}$**

$\frac{5}{6} - \frac{3}{4} = \frac{10}{12} - \frac{9}{12} = \frac{1}{12}$

4. Berechne den Term: → um Brüche zu addieren/subtrahieren, brauchst du einen gemeinsamen Nenner! 5

$2\frac{19}{28} - 1\frac{8}{21} + \frac{5}{12} = 1\frac{57}{84} - \frac{32}{84} + \frac{35}{84} = 1\frac{60}{84} = 1\frac{10}{14} = 1\frac{5}{7}$

kgV (12, 21, 28) = $2^2 \cdot 3 \cdot 7$ = 84

5. Herr Pfeiffer erbt einen Geldbetrag von **9600 €**. $\mathbf{\frac{2}{3}}$ **des Geldes** legt er auf die Bank. Für $\mathbf{\frac{1}{6}}$ **vom Rest** des Geldes kauft er seiner Frau ein neues Fahrrad. Das **übrige Geld** verteilt Herr Pfeiffer zu gleichen Teilen auf seine beiden Kinder Anita und Martin. 8

a) Welchen Betrag legt Herr Pfeiffer auf die Bank? 1

$\mathbf{\frac{2}{3}}$ **von 9600 €.** → $\mathbf{\frac{2}{3}}$ **9600 €** = 2 **3200 € =** <u>6400 €</u>

b) Wie teuer war das Fahrrad? 4

Rest des Geldes: 9600 – 6400 = **3200 €**

$\frac{1}{6}$ von 3200 € = $\frac{1}{6}$ 3200 € = $\frac{1600}{3}$ € = 500 $\frac{100}{3}$ € = **533,33...€**

Ca. 533 € gibt Hr. Pfeiffer für das Fahrrad aus.

c) Welchen Anteil bekommt Anita? 3

3200 € - 533,33...€ = **2666,67** erhalten Martin und Anita zu **gleichen** Teilen:

2666,67 : 2 **= <u>1333,335 €</u>**

Anita bekommt 1333,335 €.

(35P)

10.14 Lösung Schulaufgabe 1 - 3

1) $\frac{12}{18} = \frac{2}{3}$; $\frac{28}{21} = \frac{4}{3}$; $\frac{2}{3} = \frac{2}{3}$; $\frac{105}{63} = \frac{5}{3}$; → $\mathbf{\frac{2}{3} = \frac{2}{3} < \frac{4}{3} < \frac{5}{3}}$	4
2) $\frac{72 \cdot 16 \cdot 102}{17 \cdot 2^3 \cdot 64 \cdot 2 \cdot 3} =$ |: 2 $\frac{72 \cdot 16 \cdot 51}{17 \cdot 2^3 \cdot 64 \cdot 3} =$ |: 17 $\frac{72 \cdot 16 \cdot 3}{1 \cdot 8 \cdot 64 \cdot 3} =$ |: 16 $\frac{72 \cdot 1 \cdot 3}{1 \cdot 8 \cdot 4 \cdot 3} =$ |: 8 $\frac{9 \cdot 3}{1 \cdot 4 \cdot 3} = \mathbf{\frac{9}{4} = 2\frac{1}{4}}$ |: 3	4
3) a) $\frac{3}{25}$ km in Meter: / · 40 = $\frac{120}{1000}$ km = 0,12 km = **120 m** b) 220 g in kg : = $\frac{220}{1000}$ kg = **0,22 kg**	2
4) Kreis hat 360° → 360° : 180 = 2° pro Schüler • 180 : 2 = **90** Schüler · 2° = 180° (Latein) • **46** · 2° = 92° (Englisch) • **24** · 2° = 48° (Italienisch) • 90 + 46 + 24 = 160; 180 – 160 = **20** Schüler bleiben übrig • 20 : 2 = **10** · 2° = 20° Französisch • **10** · 2° = 20° Spanisch Probe: 90 + 46 + 24 + 10 + 10 = 180 Schüler 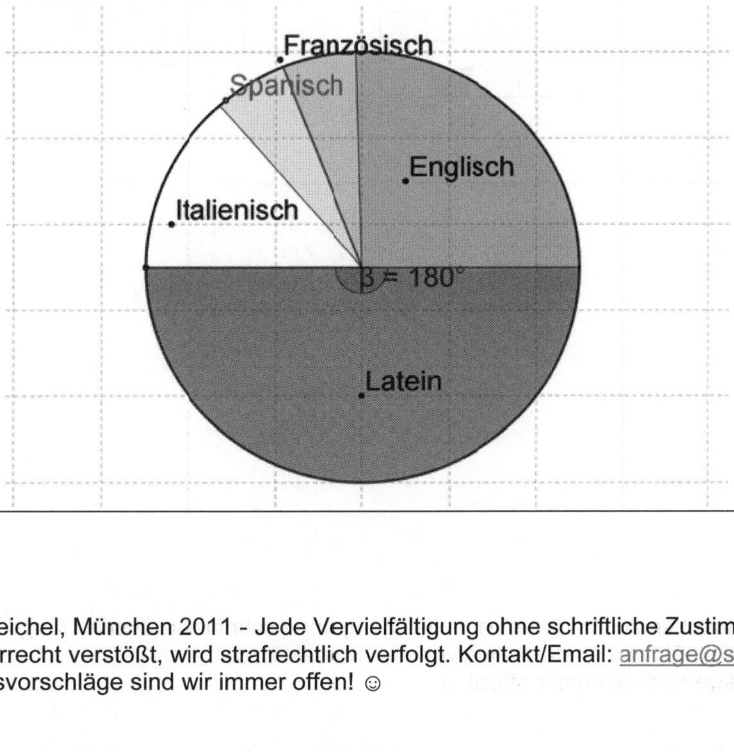 	5

5) Bei einem Halbkreisdiagramm handelt es sich um einen halben Kreis also 360° : 2 = **180°**
Die Nenner der Brüche müssen also auf 180° erweitert werden.

Note 1: $\frac{1}{2} = \; | \cdot 90 = \frac{90}{180}$

Note 2: $\frac{1}{6} = \; | \cdot 30 = \frac{30}{180}$

Note 3: $\frac{2}{9} = \; | \cdot 20 = \frac{40}{180}$

Note 4: $\frac{1}{9} = \; | \cdot 20 = \frac{20}{180}$

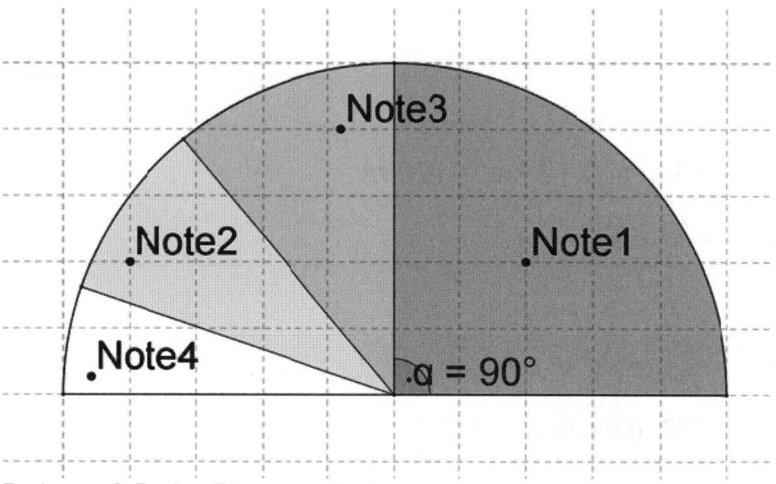

Rechnung 2 Punkte, Diagramm 2 Punkte

4

6)

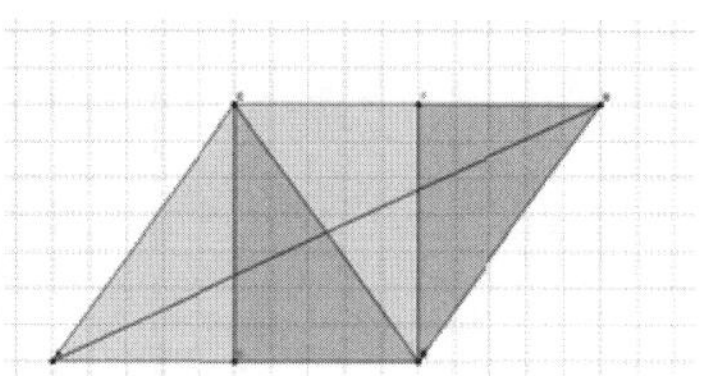

$\frac{2}{4} = \frac{1}{2}$

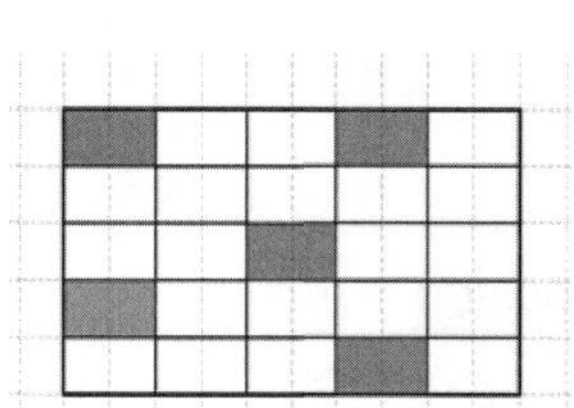

$\frac{5}{25} = \frac{1}{5}$

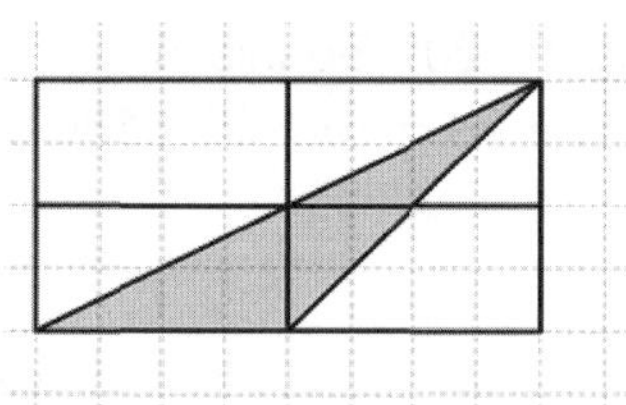

$\frac{1}{4}$

3

10.15 Lösung Schulaufgabe 2 - 1

1) Berechne den Wert des Terms und achte auf nachvollziehbare Rechenwege! 5

a) $(\frac{1}{2}+\frac{1}{3})+(\frac{2}{3}-\frac{5}{2})=\frac{1}{3}+\frac{2}{3}-\frac{5}{2}+\frac{1}{2}=1-\frac{4}{2}=1-2=\mathbf{-1}$

Oder $(\frac{3}{6}+\frac{2}{6})+(\frac{4}{6}-\frac{15}{6})=\frac{5}{6}-\frac{11}{6}=-\frac{\mathbf{6}}{\mathbf{6}}=\mathbf{-1}$

b) 9,075 – 7,86 = 1,215

2) Berechne : 5

0,083 – (0,08 – 1,806) + [(0,15 – 3,702) – 0,28] = -2,023

3) Finde die richtige Zahl für x 6

a) $x : 4\frac{2}{7} = 2\frac{4}{5}$ $x = 12$

b) $x \cdot 4\frac{2}{3} = \frac{2}{3} \mid : \frac{14}{3}$ $(= \mid \cdot \frac{3}{14})$

→ $x = \frac{2}{14} = \frac{1}{7}$ $x = \frac{2}{14} = \frac{1}{7}$

c) $x^2 = 1\frac{40}{81}$

$x^2 = \frac{121}{81} = (\frac{11}{9})^2$ $x = \frac{11}{9}$

4) Ersetze x und y so, dass die Gleichung einen wahren Gehalt bekommt. 5

$\frac{13}{24} - \frac{1}{8} + \frac{x}{y} = 1{,}875 \mid + \frac{1}{8}$ Du solltest wissen, dass: $0{,}125 = \frac{1}{8}$

$\frac{13}{24} + \frac{x}{y} = 2 = \frac{48}{24}$ **x = 48 – 13 = 35; y = 24** $\frac{x}{y} = \frac{\mathbf{35}}{\mathbf{24}}$

oder:

$\frac{13}{24} - \frac{1}{8} + \frac{x}{y} = \frac{15}{8} = \frac{13}{24} - \frac{3}{24} + \frac{x}{y} = \frac{45}{24}$

$\frac{10}{24} + \frac{x}{y} = \frac{45}{24}$ → $\frac{x}{y} = \frac{\mathbf{35}}{\mathbf{24}}$

5) Michael hat heute von einer Nachbarin Kekse bekommen, weil er ihr die Einkaufstaschen nach Hause getragen hat. Als sein Bruder Franz was abhaben möchte teilt er die Kekse zu gleichen Teilen. Als seine kleine Schwester Nina auch gerne was hätte, gibt er ihr ein Viertel von dem, was er noch hat. Wie viel vom Ganzen hat am Ende jedes Kind? 6

	Ansatz	Rechnung
Michael	$1 - \frac{1}{2} = \frac{1}{2}$ $\frac{1}{2} - (\frac{1}{4}$ von $\frac{1}{2})$	$\frac{1}{2} - (\frac{1}{4} \cdot \frac{1}{2}) = \frac{1}{2} - \frac{1}{8} = \frac{4}{8} - \frac{1}{8} = \frac{3}{8}$ **= 0,375**
Franz	$\frac{1}{2} \cdot 1$	$\frac{\mathbf{1}}{\mathbf{2}}$ **= 0,5**
Nina	$\frac{1}{4}$ von $\frac{1}{2}$	$\frac{1}{2} \cdot \frac{1}{4} = \frac{\mathbf{1}}{\mathbf{8}}$ **= 0,125**
Probe		**0,375 + 0,5 + 0,125 = 1**

6) Berechne den Wert des Platzhalters x! a) $\frac{5}{9} \cdot x = 1\frac{1}{9} \quad | : \frac{5}{9} \quad \rightarrow \quad x = \frac{10}{9} \cdot \frac{9}{5} = \frac{10}{5} = \mathbf{2}$ Probe: $\frac{5}{9} \cdot 2 = \frac{10}{9} = 1\frac{1}{9}$ b) $\frac{x}{2} \cdot 8 = 12 \quad | :8 \quad \rightarrow \quad \frac{x}{2} = \frac{12}{8} = \frac{3}{2} \quad | \cdot 2 \rightarrow \mathbf{x = 3}$ Probe: $\frac{3}{2} \cdot 8 = \frac{24}{2} = 12$	4
7) Berechne den Wert des Terms $2{,}4 - 0{,}4 \cdot 4\frac{1}{2} \quad + 1\frac{1}{2} \quad : 0{,}5 = 2{,}4 - 0{,}4 \cdot 4\frac{1}{2}$ Setze nun zwei Klammerpaare so, dass der Wert des Terms 32 ergibt! $(2{,}4 - 0{,}4) \cdot 4\,(\frac{1}{2} \quad + 1\,\frac{1}{2}) : 0{,}5 = 2 \cdot 4 \cdot 2 : 0{,}5 = 16 : \frac{1}{2} = 16 \cdot 2 = \mathbf{32}$	4

10.16 Lösung Schulaufgabe 2 - 2

1) Berechne den Wert des Terms und achte auf nachvollziehbare Rechenwege! a) $(\frac{1}{4} + \frac{1}{3}) + (\frac{2}{3} - \frac{1}{2}) = (\frac{3}{12} + \frac{4}{12}) + (\frac{4}{6} - \frac{3}{6}) = \frac{7}{12} + \frac{1}{6} = \mathbf{\frac{9}{12}} = \mathbf{\frac{3}{4}} = \mathbf{0{,}75}$ b) 12,125 – 4,38 = **7,745** - 4,380 7,745 c) $7\frac{5}{27} - 3\frac{5}{18} - \frac{5}{9} =$ kgV (27,18,9) = 54 → gemeinsamen Nenner herstellen $7\frac{10}{54} - 3\frac{15}{54} - \frac{30}{54} = \frac{388}{54} - \frac{177}{54} - \frac{30}{54} = \mathbf{\frac{181}{54}} = \mathbf{3\frac{19}{54}}$ d) $\frac{7}{10} - \frac{1}{4} + 2{,}389 - 1{,}57 =$ 0,7 – 0,25 + 2,389 = **1,269** NR: 0,7 + 2,389 = **3,089** 0,25 + 1,57 = **1,82** 3,089 - 1,82 = **1,269**	10
2) Die nächste Englischschulaufgabe steht an und Clara möchte ihre Vokabeln lernen. Am Freitag wiederholt sie $\frac{3}{8}$ der Vokabeln, am Samstag 10 % und am Sonntag $\frac{3}{20}$. a) Welchen Anteil ihrer Vokabeln hat sie nun wiederholt? kgV(8,20) = 40 → $\frac{3 \cdot 5}{8 \cdot 5} = \frac{15}{40} + \frac{6}{40} + 0{,}10 = \frac{21}{40} + \frac{4}{40} = \frac{25}{40} = \mathbf{\frac{5}{8}}$ Clara hat bereits $\mathbf{\frac{5}{8}}$ gelernt, $\frac{3}{8}$ hat sie noch vor sich! b) Wie viele Wörter sind es insgesamt **mindestens** gewesen? (Überlege gut!) Gibt es andere Möglichkeiten für die Gesamtanzahl der Vokabeln? kgV(8,10, 20) = 40; Es müssen also mindestens 40 Wörter gewesen sein. Andere Möglichkeiten sind alle Vielfachen von 40 → 80,120,160 ...	5 3 2

3) Berechne, indem du die Platzhalter mit passenden Zahlen füllst! 5

$\frac{13}{24} - \frac{1}{8} + \frac{x}{y} = 1{,}875 \quad \frac{1}{8} = 0{,}125$

y = 24; Dies legst du einfach fest, da du einen gemeinsamen Nenner brauchst!

$\frac{13+x}{24} = 1{,}875 + 0{,}125 = 2; \quad \frac{13+x}{24} = 2$

$2 = \frac{48}{24} \rightarrow x = 48 - 13 \qquad \underline{\underline{x = 35}}$

4) Berechne den Wert des Platzhalters x! 4

a) $\frac{2}{7} \cdot x = 1\frac{1}{7} \rightarrow \frac{2}{7} \cdot x = \frac{8}{7} \rightarrow \underline{\underline{x = 4;}}$

b) $\frac{x}{4} \cdot 8 = 6 \rightarrow 8 \cdot x = 6 \cdot 4 = 24 \rightarrow x = 24 : 8 = 3 \rightarrow \underline{\underline{x = 3}}$

5) Bei einer Umfrage werden 200 Personen nach ihrer Lieblingsfarbe befragt. In der Tabelle erkennst du die Verteilung: 5

Farbe	Weiß	Blau	Schwarz	Sonstige
Anzahl	56	64	36	44

Berechne die relative Häufigkeit

a) der Farben weiß und blau als Bruch → $\frac{56}{200} = \frac{14}{50} = \frac{\mathbf{7}}{\mathbf{25}}$ **weiß** 2

blau: $\frac{64}{200} = \frac{16}{50} = \frac{\mathbf{8}}{\mathbf{25}}$

b) **schwarz** in Prozent: $\frac{36}{200} = \frac{18}{100}$ = **18 %** 1

c) der sonstigen Antworten als Dezimalbruch und runde auf Hundertstel: 2

→ schwarz: $\frac{44}{200} = \frac{11}{50}$ = **0,22 → 0,22 gerundet auf Hundertstel**

10.17 Lösung Schulaufgabe 2 - 3

1) Debora lässt Ihre Badewanne ein. Sie mischt 2 Liter Wasser mit der Temperatur 12° C mit 20 Liter der Wassertemperatur 54° C. 2
Die Mischtemperatur lässt sich mit folgender Formel berechnen:

$$T_{misch} = \frac{M1 \cdot T2 + M1 \cdot T2}{M1 + M2} \rightarrow \frac{2 \cdot 12°\,C + 20 \cdot 54°\,C}{20+2}$$

M = Masse Wasser; T = Temperatur

$$\frac{2 \cdot 12\,°C + 20 \cdot 54\,°C}{20+2} = \frac{24 + 1080}{22} = \frac{1104}{22} = \mathbf{50}\,\frac{2}{11}\,°C$$

b) Formel für 6 und 12 Liter Mischung: $\frac{6 \cdot 12°\,C + 10 \cdot 60°\,C}{10+6}$

$$\frac{6 \cdot 12°\,C + 10 \cdot 60°\,C}{10+6} = \frac{72°\,C + 600°\,C}{10+6} = = \mathbf{42}\,°C$$

2) 3

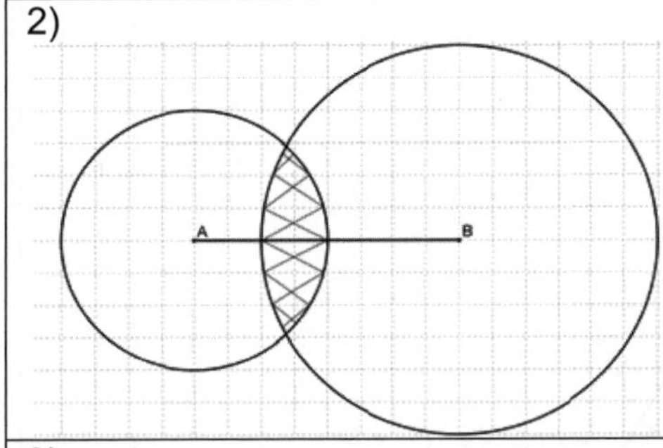

3) 3

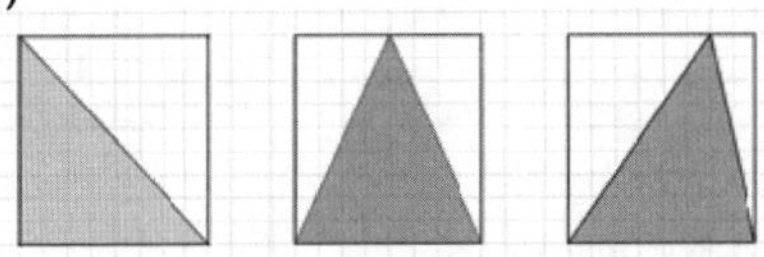

Die Flächenformel für ein Rechteck ist:

$A = A = a \cdot b$

Die Breite ist 4 cm, die Höhe 5 cm; A = 4cm · 5 cm = 20 cm². Da das erste Bild die Hälfte anzeigt und dies gegeben ist , ist A= 10 cm²

Dreieck 2:

$A = \frac{1}{2} \cdot a \cdot h_a$

Die Höhe ist bei beiden Dreiecken die gleiche, nämlich 5 cm, die Grundseite a entspricht der Breite des Rechtecks also 4 cm, daher gilt: $A = \frac{1}{2} \cdot$ 4 cm · 5 cm = 10 cm². Damit haben alle drei Dreiecke 10 cm² als Flächeninhalt und sind gleich groß.

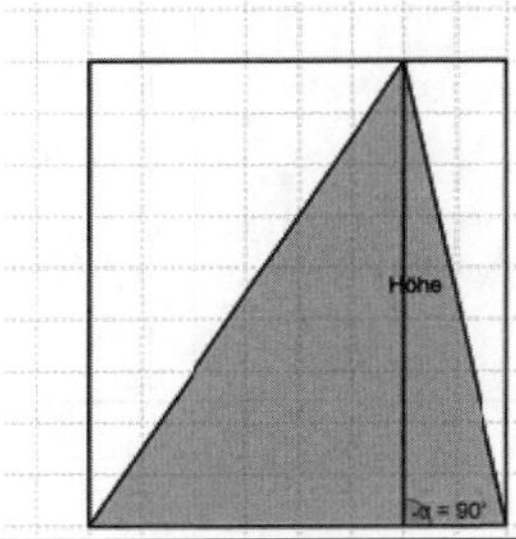

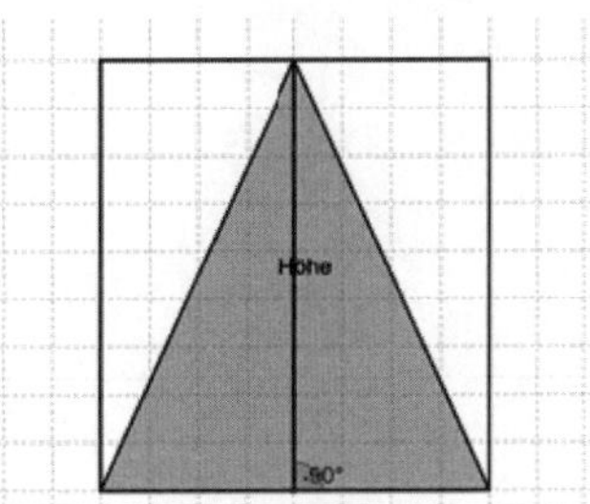

4) a) Ein Dreieck $\Delta A, B, C$ hat folgende Winkel α, β, γ. Der Winkel $\alpha = 45°, \beta = 75{,}96\,°$.
Berechne γ ! Zeichne dann das Dreieck und kontrolliere deinen errechneten Winkel. 3

Die Innenwinkelsumme eines Dreiecks ist 180°.

180° = $\alpha + \beta + \gamma$ (Formel 1 Punkt)
180° =$45° + 75{,}96 + \gamma$ (Rechnung 1 Punkt)
γ = 180° -120,96°
γ = 59,04°

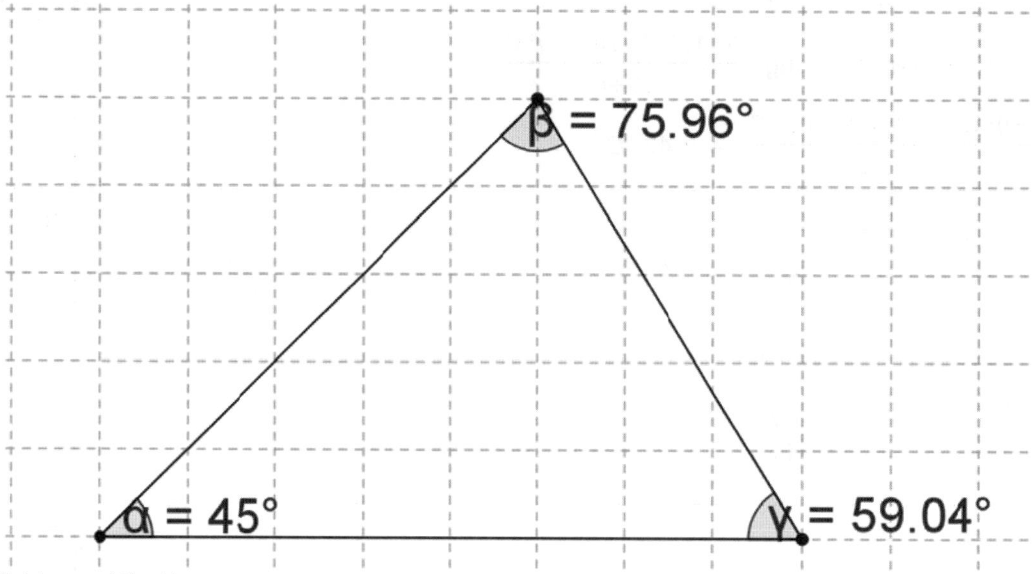

1

Zeichnung 1 Punkt 1

b) Einen Winkel nennt man **stumpf**, falls sein Wert zwischen 90° und 180° liegt.

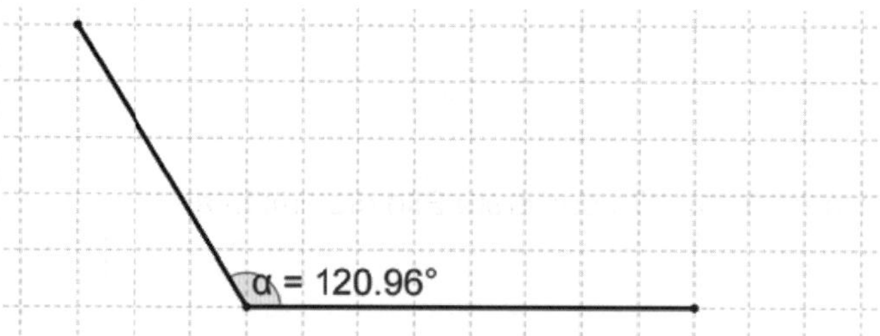

Ein spitzer Winkel liegt zwischen 0° und 90°.

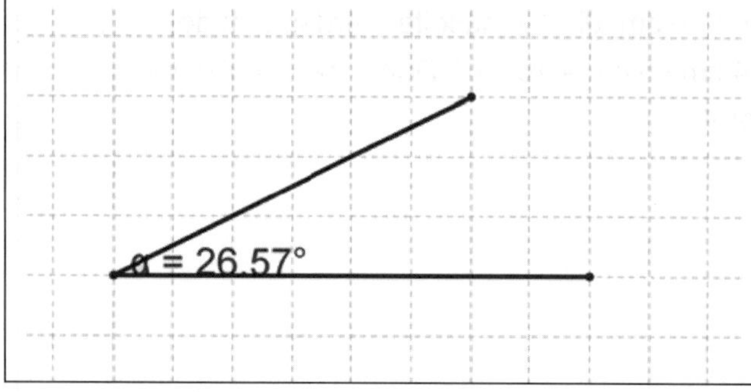

5) Der Radius beträgt 5 cm, der Durchmesser 10 cm, um die Sehne zu erhalten schlage ich einen Kreis mit Radius 3 cm und verbinde den Punkt um den ich den Kreis gezogen habe und den Schnittpunkt zwischen Ausgangskreis mit Radius 5cm und neuem Kreis mit Radius 3 cm. Die entstehende Strecke nennt man Sehne. 5

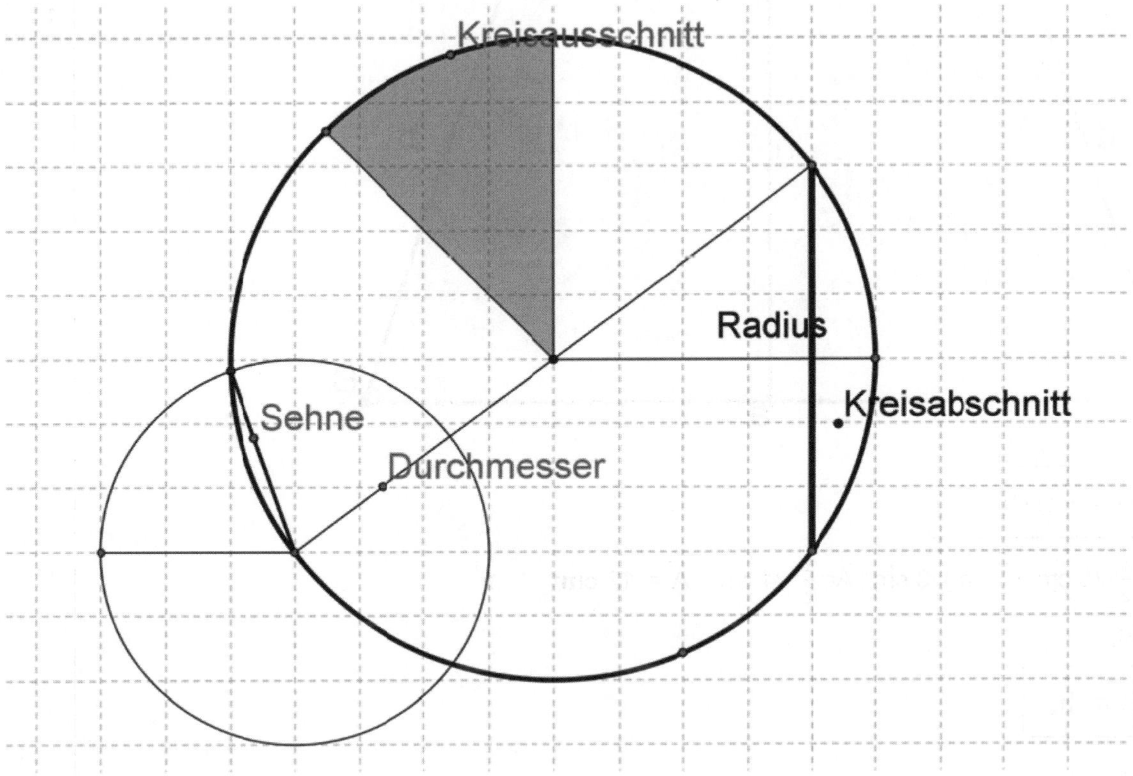

6) Zeichnung:

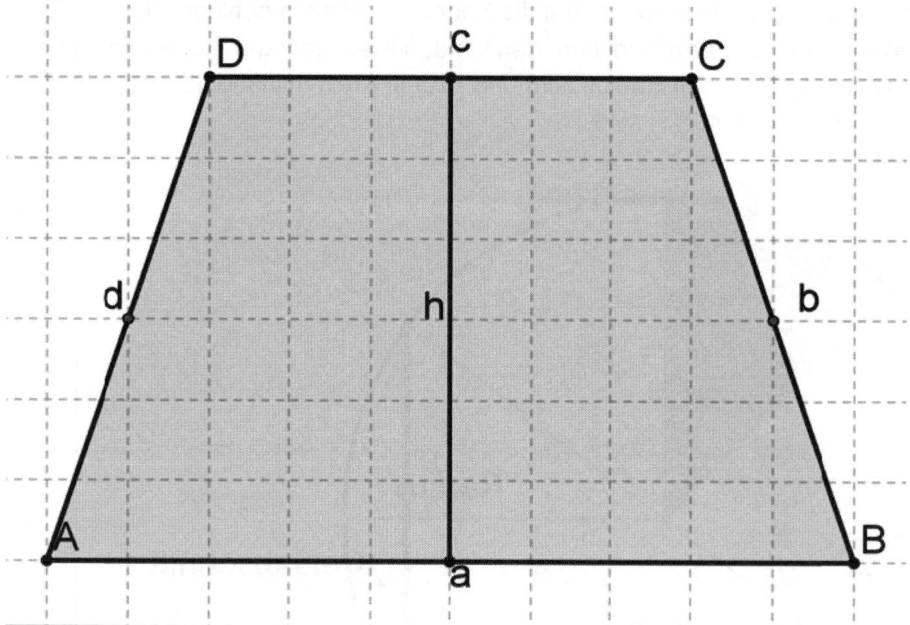

1

1

$A = \frac{1}{2} \cdot (a + c) \cdot h_a$

→ **A =** $\frac{1}{2} \cdot$ (5 cm + 3 cm) ·3 cm ; A= $\frac{1}{2}$ 24 cm² ; A = **12 cm²** 1

Dreieck:

$A = \frac{1}{2} \cdot a \cdot h_a$

12 cm² = $\frac{1}{2} \cdot a \cdot h_a$ → 24 cm² = $a \cdot h_a$ (daher möglich: $2\,cm \cdot 12\,cm$; $3\,cm \cdot 8\,cm$; $4\,cm \cdot 6\,cm$; $6\,cm \cdot 4\,cm, usw.$)

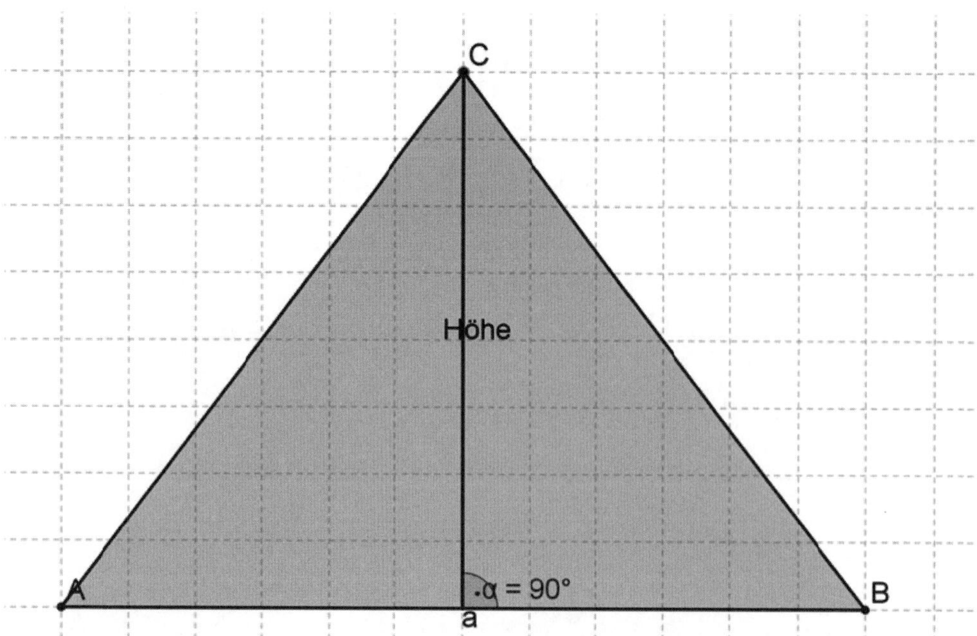

1

10.18 Lösung Schulaufgabe 3 - 1

1) Berechne die verschiedenen Brüche! $(8\frac{2}{5} : 3 - 3\frac{2}{3} \cdot 2) : 5\frac{2}{3} - \frac{1}{3} \cdot 1{,}2 = \underline{\underline{-1{,}2}}$ Am besten machst du dir Klammern oder fast zusammen, was zus. gehört → Punkt vor Strich NR: $8\frac{2}{5} : 3 = 8\frac{2}{5} \cdot \frac{1}{3} = \frac{42}{5} \cdot \frac{1}{3} = \mathbf{\frac{42}{15}}$ $3\frac{2}{3} \cdot 2 = \frac{11}{3} \cdot 2 = \frac{22}{3} = \mathbf{\frac{110}{15}}$ $\frac{42}{15} - \frac{110}{15} = \mathbf{-\frac{68}{15}}$ $-\frac{68}{15} : 5\frac{2}{3} = -\frac{68}{15} : \frac{17}{3} = -\frac{68}{15} \cdot \frac{3}{17} = \mathbf{-\frac{4}{5} = -0{,}8}$ $\frac{1}{3} \cdot 1{,}2 = \frac{1}{3} \cdot \frac{6}{5} = \frac{6}{15} = \mathbf{\frac{2}{5}} \rightarrow \mathbf{= -\frac{4}{5} - \frac{2}{5} = -\frac{6}{5} = \underline{\underline{-1{,}2}}}$	5
2) Kreuze die richtige Lösung ohne Berechnung an (überschlage): a) 13,425 · 5,16 = O 0,69273 O 6,9273 O 692,73 X 69,273 b) 0,6874 : 0,41 = O 167,65 X 1,6765 O 16,765 O 0,1676	2
3) Das Treppengeländer in der Schule hat Gitterstäbe, die 80 cm hoch sind. Der erste und der letzte Stab haben einen Abstand 5,40 m. a) Wie viele senkrechte Stäbe muss es geben, wenn der Abstand zwischen 2 Stäben 30 cm beträgt? 540 cm : 30 cm = 18 → Anzahl Stäbe: 18 + 1 = 19 Stäbe! b) Welche Flächenform erkennst du zwischen zwei Stäben und welcher Flächeninhalt ergibt sich in dm²? Flächenform : Parallelogramm Formel Flächenberechnung: a · b → 30 cm · 80 cm = 2400 cm² = 24 dm²	6 2 1 3
4) Berechne die Höhe h eines Dreiecks, von dem folgende Angaben bekannt sind: $A = 3\frac{4}{5}$ cm² $b = 2\frac{3}{8}$ cm Formel Dreieck: $A = ½\, b \cdot h_b$ $3\frac{4}{5}$ cm² $= \frac{1}{2} \cdot 2\frac{3}{8}$ cm $\cdot h_b$ | · 2 $\frac{19}{8}$ cm $\cdot h_b = 3\frac{4}{5}$ cm² · 2 | : $\frac{19}{8}$ cm $h_b = \frac{19}{5}$ cm $\cdot 2 \cdot \frac{8}{19} = \frac{16}{5}$ cm $\mathbf{h_b = 3\frac{1}{5}}$ **cm = 3,2 cm**	4

5) Von Ihrem Taschengeld spart Susi $\frac{1}{4}$. Für $\frac{1}{5}$ des Rests kauft sie Süßigkeiten. Vom übrigen Geld gibt sie $\frac{1}{3}$ für Sticker aus und $\frac{2}{3}$ für einen Kinonachmittag.

6

a) Welchen Anteil ihres Taschengeldes gibt Susi für Süßigkeiten aus?

Rest → $\mathbf{\frac{3}{4}}$;

→ $\frac{1}{5}$ von $\frac{3}{4} = \frac{1}{5} \cdot \frac{3}{4} = \mathbf{\frac{3}{20}}$ → gibt Susi für **Süßigkeiten** aus.

$\frac{3}{20} + \frac{5}{20} = \frac{8}{20}$ → $\frac{2}{5}$ Sind schon weg, $\mathbf{\frac{3}{5}}$ noch **übrig.**

b) Welchen Anteil ihres Taschengeldes gibt sie für Sticker aus?

$\frac{1}{3}$ von $\frac{3}{5}$ → $\frac{1}{3} \cdot \frac{3}{5} = \frac{1}{5}$ → **Sticker**

c) Welchen Anteil ihres Taschengeldes gibt sie für das Kino aus?

$\mathbf{\frac{2}{5}}$ Gibt sie für das **Kino** aus!

6) Berechne, achte auf Rechenvorteile!

6

14 h 25 min : 60 - 275 s =

14 min 25 s - 275 s = (für diese Zeile gibt es 3 Punkte → du solltest erkennen, dass du hier einfach nur aus den Stunden min und aus den Minuten Sekunden machen kannst, da durch 60 geteilt wird 1h : 60 = 1 min; 1min : 60 = 1s)

840 s + 25 s - 275 s = (nun wandelst du in die kleinste Einheit um und rechnest)

865 s - 275 s = 590 s = **9 min 50 s**

Natürlich hättest du hier auch von Anfang an alles in Sekunden umrechnen können, aber der Aufwand ist viel höher

10.19 Lösung Schulaufgabe 3 - 2

1) Erläutere: a) Brüche werden multipliziert, indem du Zähler mit Zähler und Nenner mit Nenner multipliziert. b) Durch einen Bruch wird dividiert, indem man mit dem Kehrwert multipliziert. c) Bei der Addition (und Subtraktion) muss ich die Brüche auf einen gemeinsamen Nenner bringen, um mit ihnen rechnen zu können.	3
2) Berechne! **a)** $3\frac{1}{3} - 2\frac{1}{5} - (-\frac{2}{5} + 0{,}6) = \frac{17}{15} - \frac{1}{5} = \frac{17}{15} - \frac{3}{15} = \mathbf{\frac{14}{15}}$ NR: $\frac{10}{3} - \frac{11}{5} = \frac{10 \cdot 5 - 11 \cdot 3}{15} = \frac{50-33}{15} = \frac{17}{15}$ $(-\frac{2}{5} + 0{,}6) = -0{,}4 + 0{,}6 = 0{,}2\ (= \frac{1}{5})$ **b)** $[(\frac{5}{7} + \frac{1}{14}) : 1\frac{4}{7} + 0{,}5] \cdot (-0{,}3)^2 = \mathbf{0{,}09}$ NR: $(\frac{5}{7} + \frac{1}{14}) = \frac{11}{14} \rightarrow \frac{11}{14} : \frac{11}{7} = \frac{11}{14} \cdot \frac{7}{11} = \frac{7}{14} = 0{,}5$ $0{,}5 + 0{,}5 = 1$ $(-0{,}3)^2 = 0{,}09$	6
3) Familie Oswald möchte ihre 25 m² große Dachterrasse neu pflastern. Wie viele Platten werden benötigt, wenn das Plattenmaß 90 cm x 60 cm ist? 90 cm · 60 cm = 540 cm² 25 m² = 2500 dm² = 250000 cm² 250000 : 540 = 46,2 → d.h. es werden 47 Platten benötigt	3
4) Am Maximilansgymnasium findet jährlich ein Sommerfest statt. Von insgesamt 600 Schülern sind ca. 10 % an der Organisation des Festes beteiligt. • $\frac{1}{5}$ ist zuständig für den Verkauf von Essen. • $\frac{3}{10}$ verkauft Getränke • $\frac{1}{3}$ hat Spiele für die Gäste vorbereitet • Der Rest ist für das Krisenmanagement zuständig. a) Welchen Anteil belegt das Krisenmanagement? $\frac{1}{5} + \frac{3}{10} + \frac{1}{3} = \frac{6}{30} + \frac{9}{30} + \frac{10}{30} = \frac{25}{30}$ $\frac{30}{30} - \frac{25}{30} = \frac{5}{30} = \frac{1}{6}$ **Das Krisenmanagement belegt $\frac{1}{6}$.** b) Ermittle wie viele Personen für jeden Bereich benötigt werden 10% von 600 = **60** → insgesamt beteiligt $\frac{1}{5} \cdot 60 = \frac{60}{5} = \mathbf{12}$ $\frac{3}{10} \cdot 60 = 3 \cdot 6 = \mathbf{18}$ $\frac{1}{3} \cdot 60 = 60 : 3 = \mathbf{20}$ → $\frac{1}{6} = \mathbf{10}$	6

5) Ergänze: 11 sind — 4

1 % von 1100	**5 %** von 220
110 % von 10	**1100 %** von 1

10.20 Lösung Schulaufgabe 3 - 3

1) Berechne die verschiedenen Brüche! a) als Dezimalzahl und b) als Bruch! — 9

a) $\dfrac{(\frac{7}{8} - 0{,}56) : \frac{5}{9}}{\frac{1}{5} + 0{,}225 + \frac{13}{25}} = 0{,}567 : 0{,}945 = \frac{567}{945} = \frac{189}{315} = \frac{21}{35} = \frac{3}{5} = \underline{\underline{0{,}6}}$ (3, 9, 7 (kürzen)) — 5

NR: **Zähler:** $\frac{1}{8} = 0{,}125 \rightarrow \frac{7}{8} = 0{,}125 \cdot 7 = 0{,}875$

$0{,}875 - 0{,}56 = 0{,}315$; $0{,}315 \cdot \frac{9}{5} = \mathbf{0{,}567}$

Nenner: $\frac{1}{5} = 0{,}2$; $0{,}2 + 0{,}225 = 0{,}425$; $\frac{13}{25} = \frac{52}{100} = 0{,}52$ $0{,}425 + 0{,}52 = \mathbf{0{,}945}$

b) $\dfrac{0{,}34 \cdot 0{,}66}{3{,}4 \cdot 0{,}011 \cdot 18} = \dfrac{0{,}2244}{0{,}6732} \overset{(2)}{=} \dfrac{0{,}1122}{0{,}3366} = \mathbf{\frac{1}{3}}$ — 4

NR: $3{,}4 \cdot 0{,}011 \cdot 18 = 0{,}6732$; $0{,}6732 : 2 = 0{,}3366$

2) Berechne den Wert des Terms. — 4

$3{,}2 \cdot (-1{,}6) \cdot ½ - ½ = 1{,}6 \cdot (-1{,}6) - ½ = -2{,}56 - 0{,}5 = \mathbf{-3{,}06}$

NR: $1{,}6 \cdot 1{,}6 = -(1{,}6)^2 = 2{,}56$ → eigentlich solltest du die Quadratzahlen bis 20 im Kopf haben (16 · 16 = 256 → nun musst du noch das Komma setzen)

Kreuze an, welche Aussagen für den Wert des Terms stimmen:

> -2	> -2,1	<1	> -3,1
O	O	**X**	**X**

3) Welche Breite hat ein 20 m langes Schwimmbecken, wenn es 2,5 m tief ist und ein Fassungsvolumen von 600.000l Wasser hat. — 5

$V = a \cdot b \cdot h$; → $b = \frac{V}{a \cdot h}$ → $a \cdot h = 20\text{ m} \cdot 2{,}5\text{ m} = 50\text{ m}^2$

Um mit dem Volumenmaß geeignet rechnen zu können, wandle Liter um in dm³. Da wir hier nun dm³ haben, wandeln wir auch die m² in dm² → 50 m² = 5000 dm²

600.000 l = 600.000 dm³

$\mathbf{b} = \frac{V}{a \cdot h} = \frac{600.000\ dm^3}{5000\ dm^2} = 120\text{ dm} = \mathbf{12\text{ m}}$ Das Schwimmbecken ist 12m breit!

4) Ergänze: 15 sind — 4

1 % von 1500	25 % von 60
150 % von 10	300 von 5

5) ... meint Paul: „Komm Anton das ist genug, das sind mindestens 12 kg.“ Anton ist froh, dass sie aufhören, aber er widerspricht: „Quatsch, das sind locker 15 kg!“ — 4

Vervollständige die nachstehenden Sätze:

Pauls Schätzung liegt __**20**____ % unter Antons Schätzung.

Erklärung: 15 -12 = 3; **3 von 15** = $\frac{3}{15} = \frac{1}{5} = 0{,}2$ → **20%**

Antons Schätzung liegt ___25__ % über Pauls Schätzung.

3 von 12 = $\frac{3}{12} = \frac{1}{4} = 0{,}25$ → **25 %**

10.21 Lösung Schulaufgabe 4 - 1

1) 3

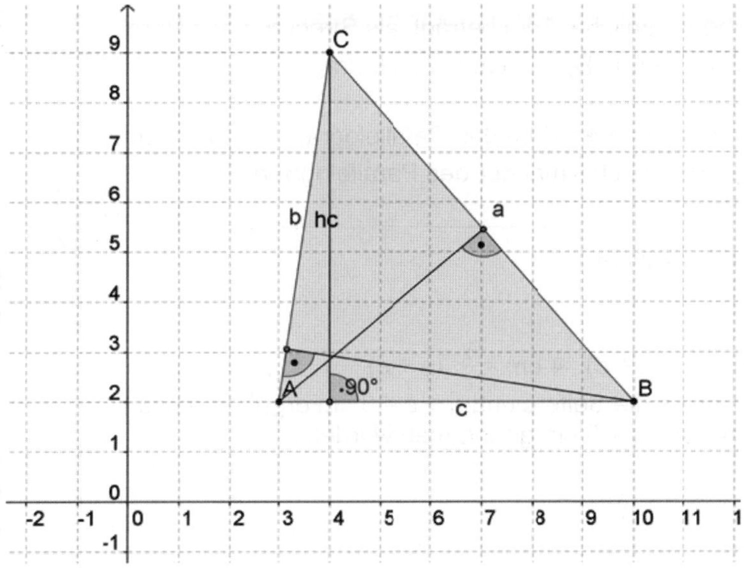

Seitenlängen:
a = 9 cm
b = 7 cm
c = 7 cm

Formel: $A = \frac{1}{2} a \cdot h_a$ 3

$A = \frac{1}{2} a \cdot h_a$; $\frac{1}{2} \cdot 9\text{ cm} \cdot 5{,}44\text{ cm}$; $49\text{ cm}^2 \cdot \frac{1}{2} = 24{,}5\text{ cm}^2$

$A = \frac{1}{2} b \cdot h_b$; $A = \frac{1}{2} \cdot 7\text{ cm} \cdot 7\text{ cm}$; $49\text{ cm}^2 \cdot \frac{1}{2} = 24{,}5\text{ cm}^2$

$A = \frac{1}{2} c \cdot h_c$; $A = \frac{1}{2} \cdot 7\text{ cm} \cdot 7\text{ cm}$; $49\text{ cm}^2 \cdot \frac{1}{2} = 24{,}5\text{ cm}^2$

b) Die Höhen müssen immer im rechten Winkel zur gegenüberliegenden Seite des Punktes stehen. 1

c) Da das Dreieck zwei gleichlange Schenkel hat ist es ein gleichschenkliges Dreieck. 1

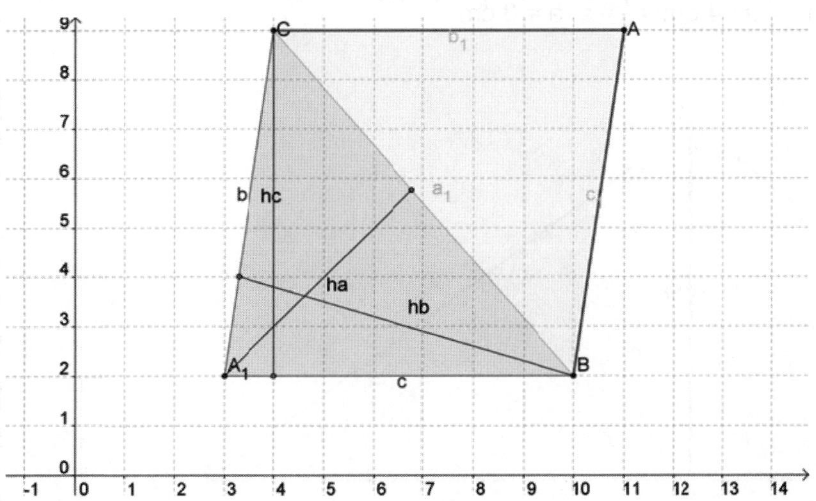

d) Es entsteht ein Parallelogramm 1

Flächeninhalt Parallelogramm:

$A = a \cdot h$

Die Höhe des Parallelogramms ist die Höhe h_c, welche 7cm beträgt, als Strecke a des Parallelogramms nehmen wir die Strecke zwischen A und B, die auch 7 cm beträgt. 1

$A = a \cdot h$: $A = 7\text{ cm} \cdot 7\text{ cm} = 49\text{ cm}^2$.

Wir stellen fest, dass der Flächeninhalt beider Dreiecke dem des Parallelogramms entspricht, daher ist die Flächeninhaltsformel des Dreiecks auch $\frac{1}{2}$ mal der des Parallelogramms. 1

2) a) **Trapez:** Gegeben ist $A = 12\text{ cm}^2$ und $h = 3\text{ cm}$ 4

Formel: $A = \frac{1}{2} \cdot (a + c) \cdot h$;

$12\text{ cm}^2 = \frac{1}{2} \cdot (a + c) \cdot 3\text{ cm}$; $12\text{ cm}^2 \div 3\text{ cm} = \frac{1}{2} \cdot (a + c)$; $4\text{ cm} = \frac{1}{2} \cdot (a + c)$

Da beim Trapez die Seite a immer länger ist als die Seite c und $a + c = 8$ cm ergeben muss, kann man nun frei wählen, hier soll a = 5cm und c = 3 cm genommen werden.

Zeichnung:

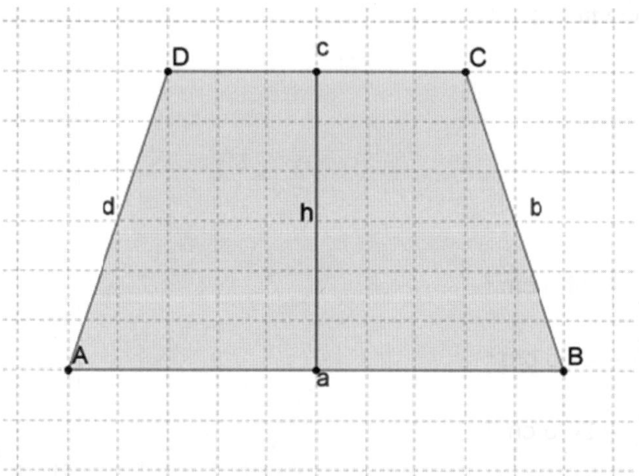

b) **Dreieck:** wieder gegeben $A = 12\text{ cm}^2$ und $h = 3\text{ cm}$

Formel: $A = \frac{1}{2} a \cdot h_a$

$12\text{ cm}^2 = \frac{1}{2} a \cdot 3\text{ cm}$; $12\text{ cm}^2 : 3\text{ cm} = \frac{1}{2} a$; $4\text{ cm} = \frac{1}{2} \cdot a$; $a = 8\text{ cm}$

Zeichnung:

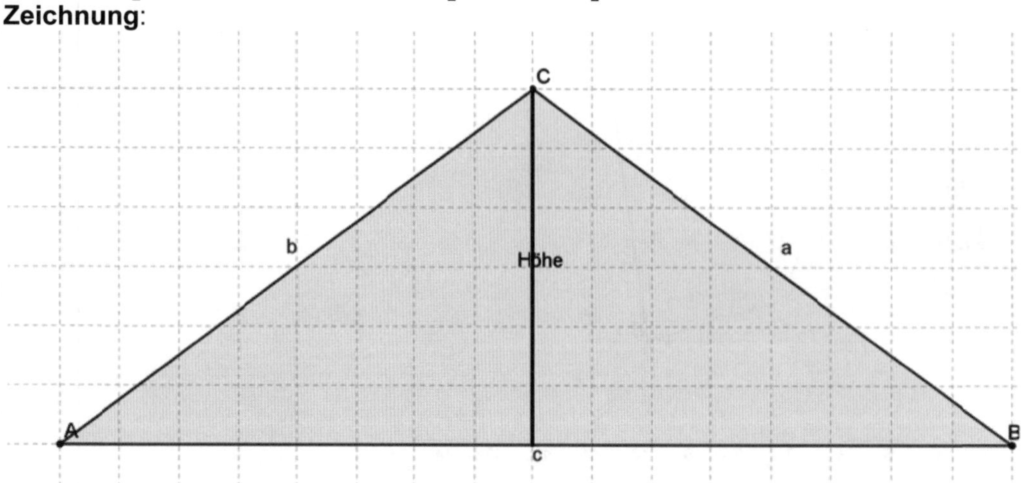

c) Parallelogramm: wieder gegeben A = 12 cm² und h = 3 cm

2

Formel: $A = a \cdot h_a$

12 cm² = a · 3 cm; a = 4 cm

Zeichnung:

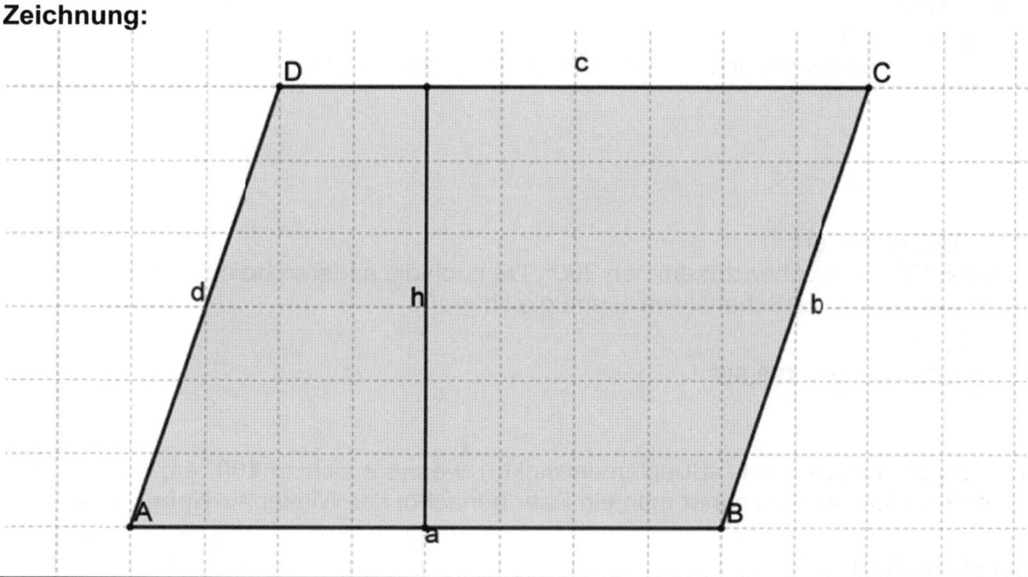

3) a) **Flächenformel Parallelogram**:

4

$A = a \cdot h_a$

30 cm² = a · 7,5 cm; a = 30 cm : 7,5 cm; a = 4 cm

Da bei einem Parallelogramm die gegenüberliegenden Seiten gleich lang sind, sind die Seiten a und c 4cm lang.

b) Formel für den **Umfang** des **Parallelogramms:** U = a + b + c + d

U = 23 cm; 23 cm = 4 cm + b + 4 cm + d; 23 cm – 8 cm = b + d;

15 cm = b + d; 15 : 2 = 7,5 cm

Da wieder die gegenüberliegenden Seiten gleich lang sind, sind b und d jeweils 7,5 cm.

4 a) $\left[\left(8\,\frac{2}{4} : 3\right) + 12\right] - \left[\left(3\,\frac{2}{3} \cdot 2\right) + 10\right] =$

6

$\left[\left(\frac{34}{4} \cdot \frac{1}{3}\right) + 12\right] - \left[\left(\frac{11}{3} \cdot \frac{2}{1}\right) + 10\right] =$

$\left[\frac{34}{12} + \frac{144}{12}\right] - \left[\frac{22}{3} + 10\right] =$

$\frac{178}{12} - \left[\frac{88}{12} + \frac{120}{12}\right] =$

$\frac{178}{12} - \frac{208}{12} = - \frac{30}{12} = - 2\,\frac{6}{12} = \mathbf{-2\,\frac{1}{2}}$

b) $\left[\left(2\,\frac{3}{4} : 2\right) + \frac{13}{8}\right] \cdot 5 - \left[\left(\frac{3}{5} \cdot \frac{15}{3}\right) - \left(\frac{3}{5} \cdot \frac{5}{3}\right)\right] : 2 =$

$\left[\left(\frac{11}{4} \cdot \frac{1}{2}\right) + \frac{13}{8}\right] \cdot 5 - \left[\frac{3}{5} \cdot \frac{15\;3}{3}\right] - \left(\frac{3}{5} \cdot \frac{5}{3}\right) : 2 =$

$\left[\frac{11}{8} + \frac{13}{8}\right] \cdot 5 - [3 - 1] : 2 =$

$\frac{24}{8} \cdot 5 - 1 = 3 \cdot 5 - 1 = \mathbf{14}$

10.22 Lösung Schulaufgabe 4 - 2

1a) Schneiden sich zwei Geraden, so bezeichnet man das Paar gegenüberliegender Winkel als Scheitelwinkel oder Gegenwinkel.
Scheitelwinkel sind immer gleich groß. 3
→ wenn $\alpha = 41{,}11°$ ist dann ist der gegenüber liegende Winkel β auch 41,11°.

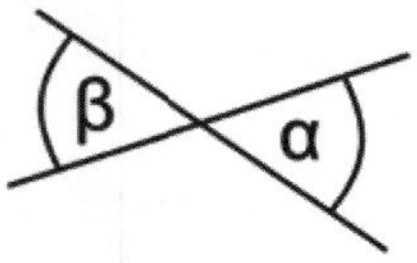

= Gegenwinkel

Möglichkeit a: Alle vier Winkel ergeben zusammen 360°. Da auch die anderen beiden Winkel sich gegenüber liegen sind auch sie Scheitelwinkel und gleich groß.
→$[360° - (2 \cdot 41{,}11°)]$: 2 =
$[360° - 82{,}22°]$: 2 = 277,78° : 2 = **138,89°**

Möglichkeit b:
Zwei Winkel heißen **Ergänzungswinkel** (=Supplementwinkel), wenn sie sich zu 180° ergänzen. Schneiden sich zwei Geraden, so bezeichnet man ein Paar benachbarter Winkel als **Nebenwinkel.**
Nebenwinkel ergänzen sich zu 180°.
180 - 41,11 = **138,89°**

b) Nachbarwinkel ergänzen sich zu 180°.
180° - 39,81° = 140,19°.
Die anderen beiden Winkel sind gleich groß, da es Gegenwinkel sind, also jeweils 140,19° und 39,81°. Stufenwinkel sind gleich groß, also 140,19°. 3

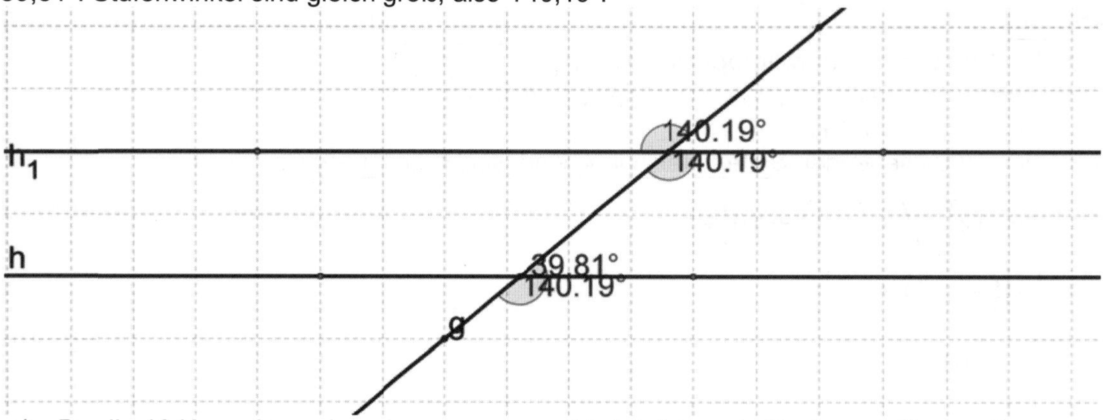

c) Da die 10 Koppeln aneinandergrenzen, ergibt sich folgende Rechnung für den Zaun: 2
11 · 60 m + 20 · 40 m = 660 m + 800 m = 1460 m Zaun werden benötigt.→ siehe Zeichnung

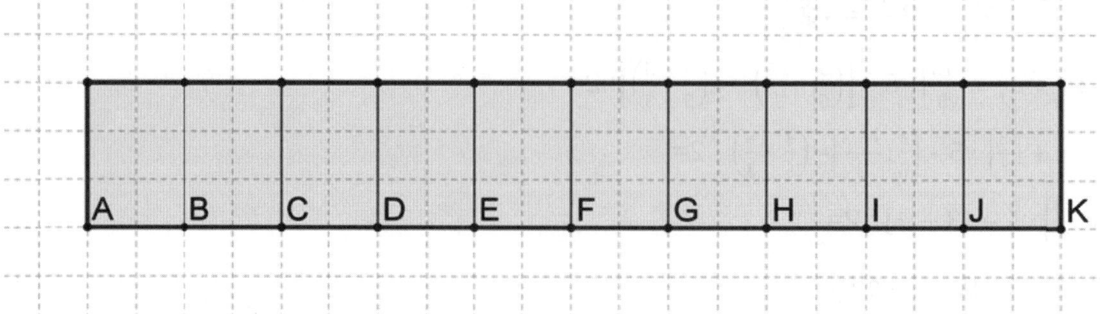

2) a) **spitzer Winkel**, Wert liegt zwischen 0 und 90 Grad. 3
b) **stumpfer Winkel**; Wert liegt zwischen 90 und 180 Grad.
c) **erhabener, überstumpfer Winkel**; Wert ist größer 180 Grad und kleiner 360Grad.

3) a) Skizze: 4

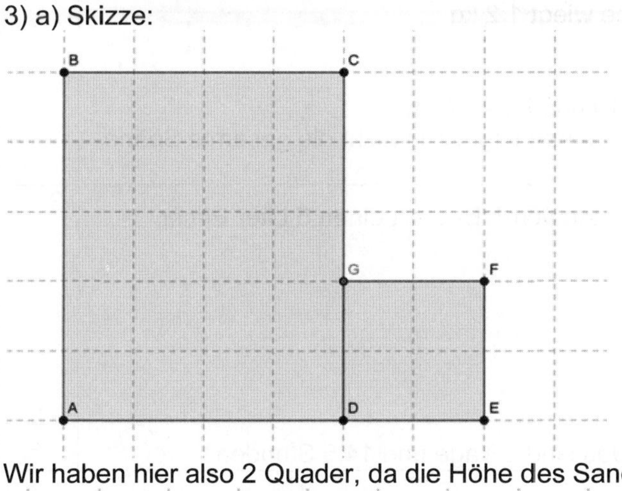

Wir haben hier also 2 Quader, da die Höhe des Sandes nicht hoch genug ist für einen Würfel.

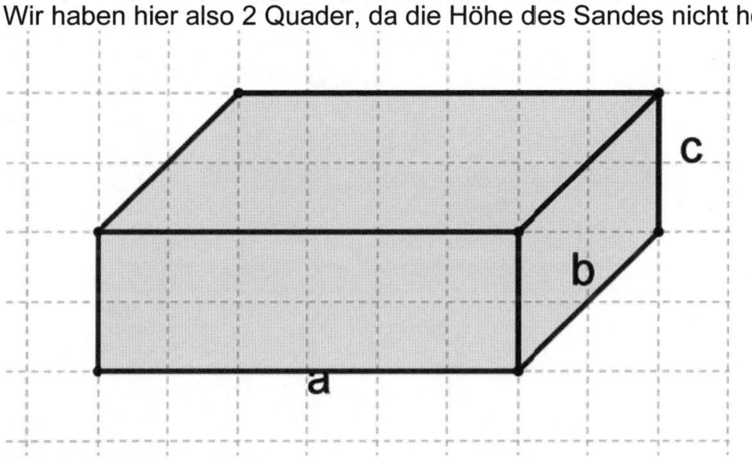

Dressurplatz:
V = a · b · c
a = 60 m; b = 40 m , c = 0, 25 m (die Sandhöhe)
V= 60 m · 40 m · 0,25 m
V= 600 m³
Springplatz:
V = a · b · c
V = 20 m · 20 m · 0,25 m
V= 100 m³
Gesamtvolumen: V = (Dressurplatz) + V (Springplatz)
V= 600 m³ + 100 m³ = **700 m³**

b) **V = a · b · c** 2

700 m³ = a · b · 20 m
700 m³ : 20 = a · b
35 m² = a · b

a könnte 5 m sein und b 7 m oder a: 2, 5m und b 14 m. Der Lastwagen kann also 5 m breit und 7 m lang oder 2, 5 m breit und 14 m lang sein.

4) Die Grundfläche der Halle beträgt 400 m². Der Belag sollte 0,5 m hoch werden. Schwierig ist, dass die Halle erhöht über dem Stall liegt und der Lastwagen eine Rampe in den ersten Stock hochfahren muss. Daher muss der Sohn das Gewicht der Späne berechnen. 1dm³ der Späne wiegt 1,2 kg. → **Volumen = Grundfläche mal Höhe** $400\ m^2 \cdot 0{,}5\ m = 200\ m^3$; $200\ m^3 = 200.000\ dm^3$ → $200.000\ dm^3 \cdot 1{,}2\ kg = 240.000\ kg =$ **240 t.** **Antwort:** Da die Belastbarkeit der Rampe bei 200 Tonnen liegt kann nicht die gesamte Späne auf einmal hinauf gebracht werden.	4
5) Altdorff \`s Wasserhahn tropft. Er verliert in 3 Minuten 4cm³. Er stellt einen 5 Liter Eimer darunter. Wann muss er den Eimer leeren? **1 Liter = 1000 cm³** $1000\ cm^3 : 4\ cm^3 = 250$ $250 \cdot 3$ Minuten = 750 Minuten für 1 Liter 5 Liter = $750\ min \cdot 5 = 3750\ min$ $3750\ min : 60\ min = 62{,}5\ h$ **Antwort**: Er muss nach 62,5 h den Eimer leeren. Das sind 2 Tage und 14,5 Stunden.	2

10.23 Lösung Schulaufgabe 4 - 3

1) Folgendes Dreieck ist gegeben: 10

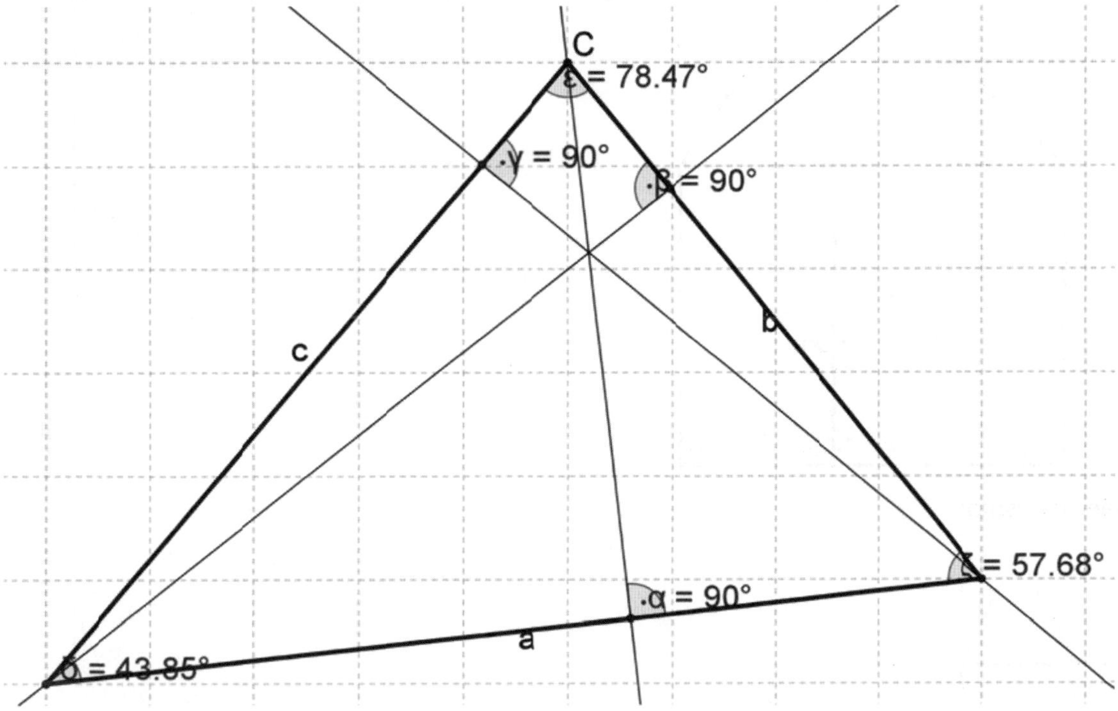

c) Unter einer Höhe versteht man das Lot von einem Punkt eines Dreiecks aus auf die gegenüberliegende Seite, dort steht es im 90 ° Winkel.Die drei Höhen eines Dreiecks schneiden sich in einem Punkt. Den Höhenschnittpunkt eines Dreiecks bezeichnet man auch als sein ***Orthozentrum***.

d) $A = \frac{1}{2} \cdot a \cdot h_a$

$A = \frac{1}{2} \cdot 9\ cm \cdot 5,5\ cm$

A = 24,75 cm²

2) Gegeben sei ein Würfel mit einer Oberfläche von 24 dm². Berechne sein Volumen! 2

24 dm² : 6 (Seiten) = 4 dm² → A = a · b → A = 2 dm · 2 dm

$V = a^3$
V= 2 dm · 2 dm · 2 dm
V= 8 dm³

3) a) Oberfläche = 2 · Grundfläche + Mantelfläche 8

Mantelfläche = Umfang der Grundfläche · Höhe
Grundfläche des Dreiecks: $\frac{1}{2} \cdot a \cdot h_a$ (Die Höhe kann in das Bild eingezeichnet werden und abgemessen)
$\frac{1}{2} \cdot 5cm \cdot 3cm = A$; A = 7,5 cm²
Umfang des Dreiecks = a + b + c; U= 5cm + 6cm + 7 cm; U= 18 cm
Mantelfläche = 18 cm · 5,5cm = 99 cm²
Oberfläche = Mantelfläche + (2· Grundfläche)
Oberfläche = 99 cm² + 15 cm²
Oberfläche = **114 cm²**

Skizze:

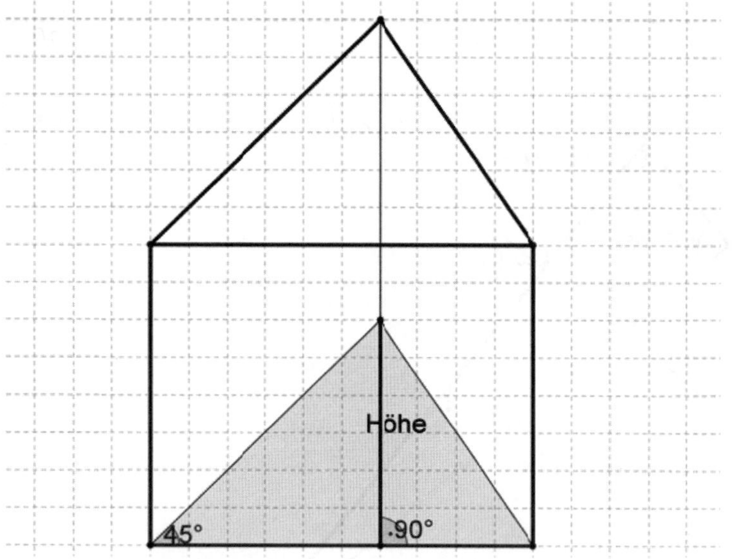

Netz Dreiecksprisma:

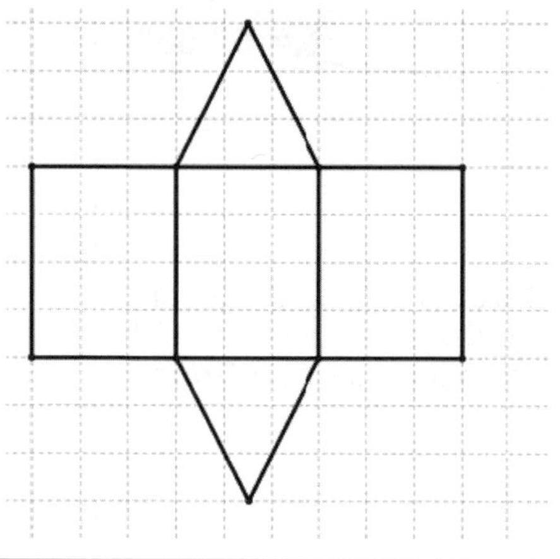

4) Gegenüberliegende Winkel sind sogenannte Scheitelwinkel und sind gleich groß 2

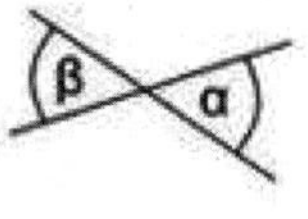

beide also 66,8°.

Nebenwinkel ergänzen sich zu 180° → 180°- 66,8°= 113,2°

Die anderen beiden Winkel sind jeweils 113,2°.

Probe: 113,2° + 113,2° + 66,8°. + 66,8°. = 360° = der Vollwinkel.

5) Wandle in die angegebene Volumeneinheit um: 5

13 m³	**13.000**	dm³
630000 cm³	**0,630**	m³
3,24 cm³	**3240**	mm³
0,95 m³	**950000**	cm³
$\frac{13}{20}$ dm³	$\frac{13 \cdot 1000}{20} = 13 \cdot 50 = \mathbf{650}$	cm³

10.24 Lösung Knacknüsse

1) Berechne folgenden Bruch! 2

$(16{,}8 : 3 - 1\frac{2}{5} \cdot 2 + 0{,}6) \; : 5\frac{2}{3} - \frac{1}{3} \cdot 1{,}2 =$

$[(5{,}6 - 1{,}4 \cdot 2 + 0{,}6) : \frac{17}{3}] - (\frac{1}{3} \cdot \frac{6}{5}) =$

$[(6{,}2 - 2{,}8) \cdot \frac{3}{17}] - \frac{6}{15} = \frac{3{,}4 \cdot 3}{17} - \frac{6}{15} = \frac{3}{5} - \frac{6}{15} = \frac{9}{15} - \frac{6}{15} = \frac{3}{15} = \frac{1}{5} =$ **0,2**

NR: $3{,}4 : 17 = 0{,}2 = \frac{1}{5}$

2) Berechne aller Teiler der Zahlen! $3 \cdot 7 \cdot 11$ → = 231 4

Teiler: 1, 3, 7, 11, 231, 77, 33, 21

3) Zerlege die folgenden Zahlen in Primfaktoren! Verwende die Potenzschreibweise 7

a) 330 → $2 \cdot 3 \cdot 5 \cdot 11$ 2

b) 2400 → $2 \cdot 2 \cdot 2 \cdot 2 \cdot 2 \cdot 3 \cdot 5 \cdot 5 = 2^5 \cdot 3 \cdot 5^2$ 2

c) 49500 → $2 \cdot 2 \cdot 3 \cdot 3 \cdot 5 \cdot 5 \cdot 5 \cdot 11 = 2^2 \cdot 3^2 \cdot 5^3 \cdot 11$ 3

4) Berechne: $(2^3 \cdot 5^2 \cdot 7 \cdot 11) : (2 \cdot 5 \cdot 7 \cdot 11) =$ (3P)

→ $2^2 \cdot 5 =$ **20**

5) Vor acht Jahren war Jojos Vater Franz viermal so alt wie dieser. Heute sind sie zusammen 56 Jahre alt. Wie alt sind Franz und Jojo heute? 4

$56 - (2 \cdot 8) = 40$ 40 Jahre waren Franz und Jojo zusammen vor 8 Jahren

$x + 4 \cdot x = 40$

$5 \cdot x = 40 \mid : 5$

$x = 8$; Vor acht Jahren war Jojo 8 Jahre alt, sein Vater $4 \cdot 8 = 32$ Jahre alt.

Jojo ist heute 16 Jahre alt und Franz ist 40 Jahre.

6) Wandle um! 5

0,00026 ml	0,00026 cm³
4500 l	4,5 m³
$\frac{3}{4}$ hl	0,075 m³
2700 l	2,7 m³
2,45 ml	2, cm³

7) Ergänze die Tabelle! 4

Bruch	$\mathbf{\frac{75}{100}}$	$\frac{7}{5}$	$\mathbf{\frac{2}{9}}$	$\frac{66}{132}$
Dezimalzahl	0,75	**1,4**	$0,\overline{2}$	**0,5**

8) Linus bekommt zu seinem Geburtstag am Donnerstag einen Zauberwürfel. Er beginnt noch am gleichen Tag und macht jeden Tag eine Seite. An welchem Tag hat er den gesamten Zauberwürfel geschafft? 2

Der ganze Würfel ist am **Dienstag** fertig.

9) Bob der Hund trinkt an normalen Tagen 80 ml Wasser nach dem Abendspaziergang. Wenn sein Herrchen ihm viele Stöcke geworfen hat, trinkt er ¼ mehr. Herrchen wirft jeden 2. Tag abends Stöcke. Wie viel trinkt Bob in 14 Tagen nur abends? 2

Rechnung: 7 · 80 ml = 560 ml
7 · 100 ml = 700 ml
560 ml + 700 ml = 1260 ml
☑ 1,26 l

10) Was habe ich konstruiert? Die hellgraue Stecke wollte ich erhalten. Der Winkel war gegeben. Die Kreise benötige ich für die Konstruktion. 1

✎ Ich habe eine **Winkelhalbierende** konstruiert.

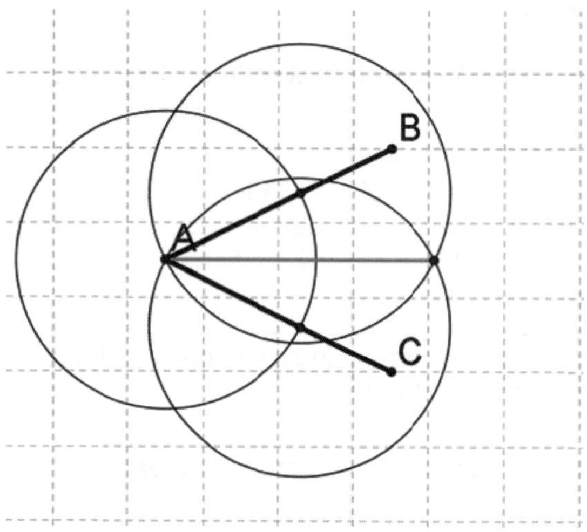

11) Richtig oder falsch? 3

a) Bei einer Verschiebung bleibt die Figur immer gleich und sieht gleich aus.
☑ **richtig** ☐ falsch

b) Bei einer Spiegelung bleibt die Figur immer gleich und sieht gleich aus.
☐ richtig ☑ **falsch**

c) Der mathematische Begriff für Verschiebungspfeil ist Vektor.
☑ **richtig** ☐ falsch

12) Im Spiegel zeigt eine Uhr 16:35. Wie viel Uhr ist es wirklich? 1

✎ **19:25 Uhr**.

13) Ich habe eine <u>Mittelsenkrechte</u> konstruiert. 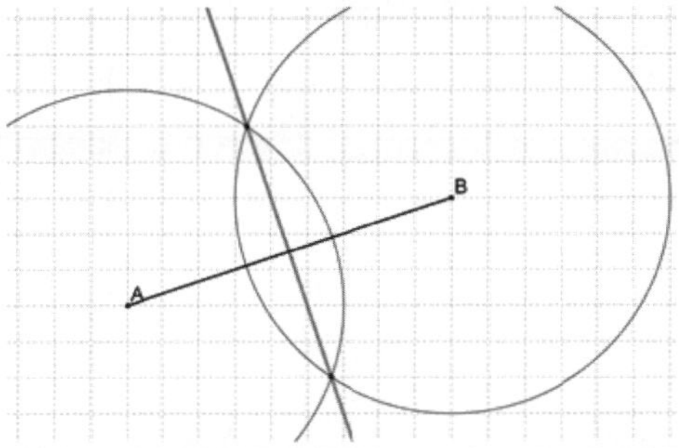 	1
14) Was stellt folgende Zeichnung dar? ☐ eine Punktspiegelung ☑ **eine Achsenspiegelung** ☐ eine Drehung ☐ eine Verschiebung 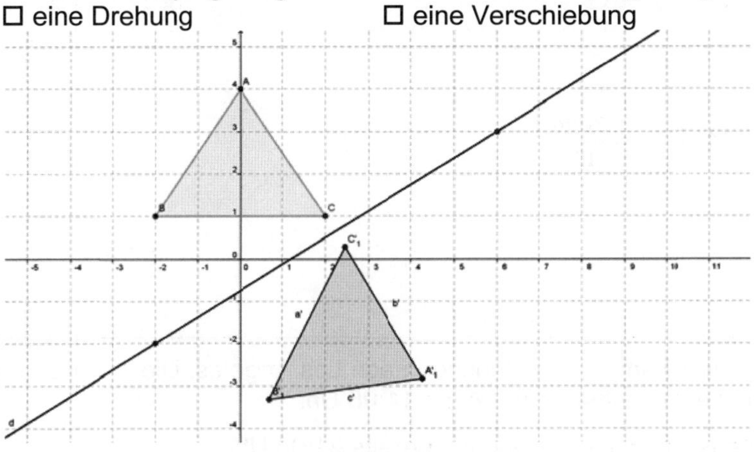 	1
15) Welches Netz stellt folgende Figur dar? Das Netz eines Dreiecksprismas. 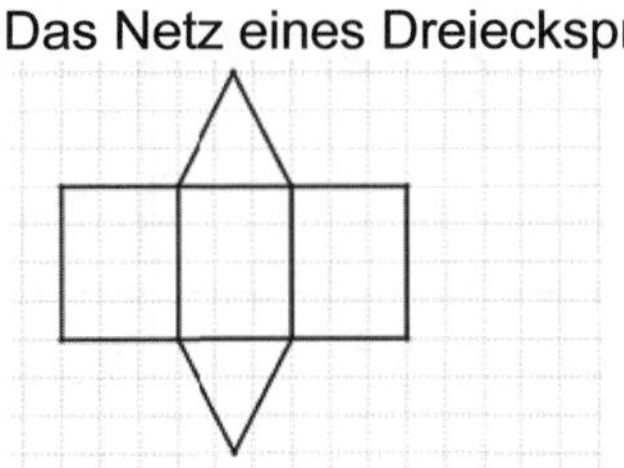	1
16) Zeichne ein Dreiecksprisma! 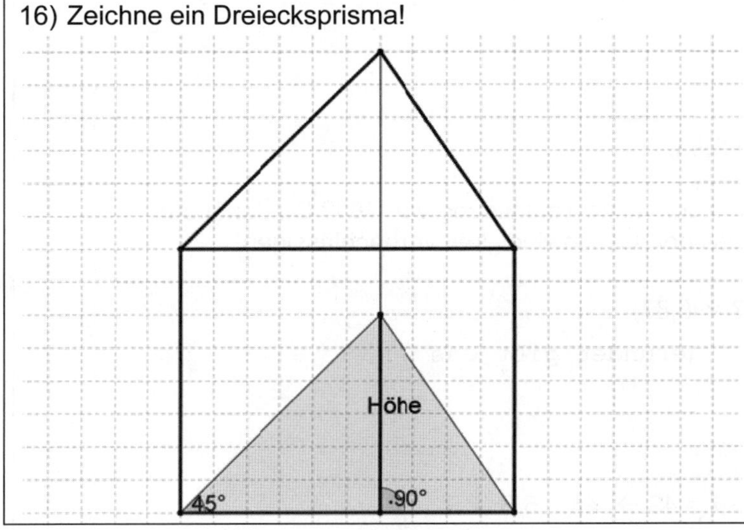 	2

17) Paul ist heute dreimal so alt wie Anton vor fünf Jahren war. In fünf Jahren ist Paul doppelt so alt wie Anton heute ist. Wie alt sind die beiden Jungen? 4

Versuche eine x-Gleichung aufzustellen! → Anton = x

$Paul_1 = 3\,(x - 5) = 3x - 15$

$Paul_2 = 2\,x - 5$

Gleichung: $3\,x - 15 = 2x - 5 \mid + 15$

$3\,x = 2x + 10 \mid - 2\,x$

$x = 10$

Anton ist 10 Jahre alt und Paul ist 15 Jahre alt.

18) Wandle folgende Zahlen in Brüche um und kürze soweit möglich. 7

a) 5,18 $= 5\frac{18}{100} = 5\frac{9}{50} = \mathbf{\frac{259}{50}}$ 2

b) 0,14 $= \frac{14}{100} = \frac{7}{50}$ 2

c) 24,048 $= 24\frac{48}{1000} = 24\frac{24}{500} = 24\frac{6}{125} = \mathbf{\frac{3006}{125}}$ 3

NR: $\frac{24}{500} = \frac{12}{250} = \frac{6}{125}$

$24 \cdot 125 = 3000$

19) Maya fliegt in den Sommerferien mit ihrer Familie von München nach Los Angeles. Die geplante Abflugzeit ist 7:35 Uhr und die Ankunftszeit in L.A. ist 11:05 Uhr. 3

Beachte: Wenn es in L.A. 12:00Uhr mittags ist, ist es in München bereits 21:00 Uhr.

- → Zeitunterschied München – Los Angeles = -9 Stunden
- → 11:05 Uhr + 9h = 20:05 Uhr
- → Flugzeit: 7:35 Uhr bis 20:05 Uhr = 12:30 h

Die Flugzeit beträgt 12,5 h.

20) Der neue Wagen von Familie Fröhlich verbraucht ca. 6,8 l auf 100 km. 5

a) Wie hoch ist der Verbrauch bei 125 km? 3

125 km von 100 km : $\frac{125}{100}$ = 125%.

125% von 6,8l = $\frac{125}{100} \cdot 6{,}8\text{l}$ = **8,5 l**

Der Verbrauch für 125 km beträgt 8,5 l.

b) Wie weit kommt Familie Fröhlich mit einer vollen Tankladung von 48 l? Du darfst auf ganze Zahlen runden und den Einfluss der Geschwindigkeit vernachlässigen! 2

48 l : 6,8 l = $\frac{48}{6{,}8}$ = 7,05 (oder 48 : 7 ≈ 6,87)

NR:
```
48    :    6,8 = 7,05...   gerundet gibt das 7!
47,6
-----
 0,40
   34
```

Alternative Überschlagen: 6,8 ≈ 7; 7 · 7 = 49 → **48 :** 6,8 ≈ **7**

7 · 100km = 700 km. **Mit einer Tankfüllung kommt Fam. Fröhlich ca. 700km weit.**

21) In München soll ein neues Gymnasium erbaut werden. Die Schule beginnt mit 2 Zügen á 30 Schüler bis zur achten Klasse. Die Gesamtkapazität der Schule liegt bei 3 Zügen á 30 Schüler für alle Jahrgangsstufen. 9

a) Wie hoch ist die Gesamtkapazität der Schule und mit welchem Anteil an Schülern startet das Gymnasium? 2

Gesamtkap.: Anz. Züge · Anzahl Jahrgänge · Anz. Schüler = 3 · 8 · 30 = 90 · 8 = 720

Start: 4 Jahrgangsstufen (5 bis 8) á 30 Schüler · 2 Züge = 4 · 30 · 2 = 240

Anteil: $\frac{240}{720} = \frac{24}{72} = \frac{3}{9} = \frac{1}{3}$ → **Das Gymnasium startet mit $\frac{1}{3}$ seiner Gesamtkapazität.**

b) Um auf die sportlichen Neigungen seiner Schüler eingehen zu können, werden die Schüler im Vorfeld nach ihren Lieblingssportarten befragt. Die Schüler haben ihre Wahl gemäß nachstehender Tabelle getroffen. 5
Veranschauliche diese Angaben in einem Kreisdiagramm! $\frac{360°}{240}$ **= 1,5° pro Schüler**

	Anz. Schüler	**Grad**
Volleyball	35	**52,5°**
Fußball	33	**49,5°**
Handball	22	**33°**
Basketball	35	**52,5°**
Tennis	36	**54°**
Rhythmische Gymnastik	27	**40,5°**
Jazztanz	18	**27°**
Leichtathletik	34	**51°**
Gesamt	**240**	**360°**

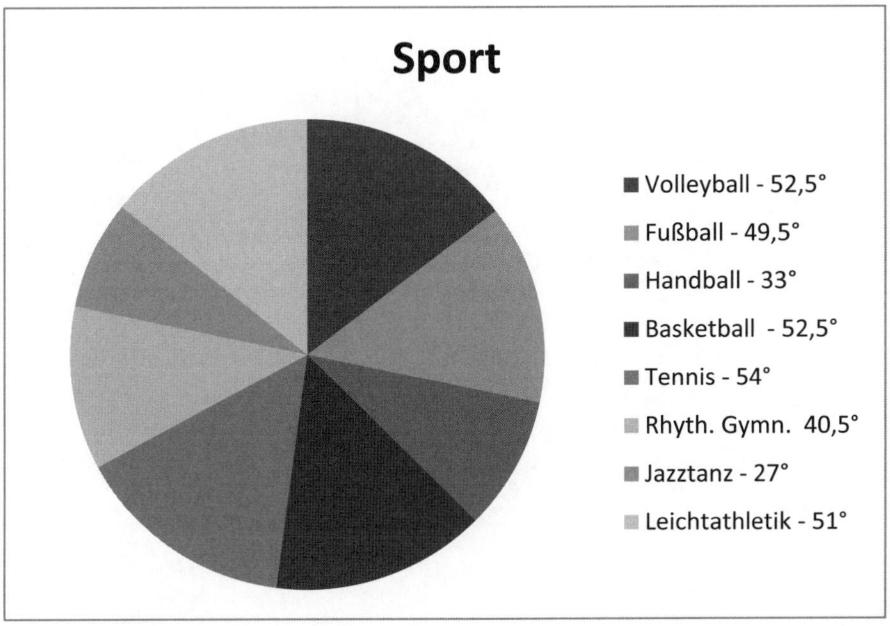

c) Welcher Anteil der Schüler belegt Jazztanz **und** rhythmische Gymnastik? 2

Jazztanz	18	**27°**
Rhythmische Gymnastik	27	**40,5°**
Gesamt	**45**	**67,5°**

45 von 240 = $\frac{45}{240}$ **=** $\frac{9}{48}$ **=** $\frac{3}{16}$ **→ 3 : 16 = 0,1875 = 18,75 % ;**

18,75 % der Schüler haben Jazztanz **und** rhythmische Gymnastik belegt!

22) Zeichne die angegebenen Winkel und benenne jeweils die Winkelart. 3

a) 47° → spitzer Winkel

b) 149° → stumpfer Winkel

c) 245° → erhabener / überstumpfer Winkel

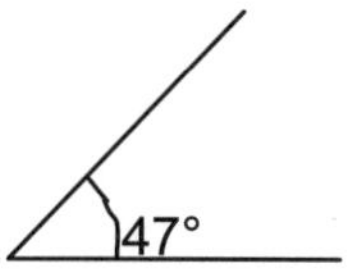

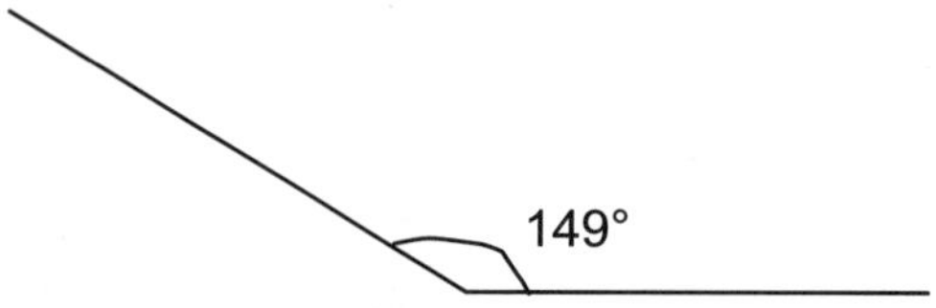

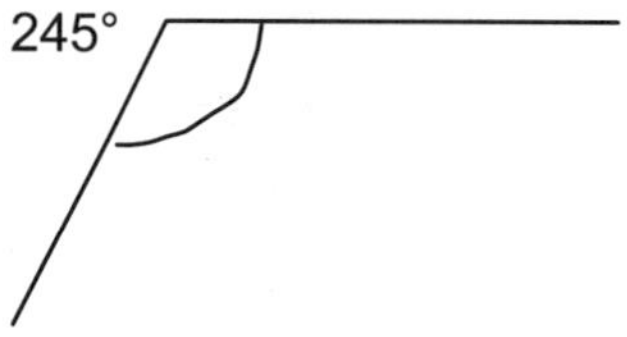

11 Notenschlüssel

Hier findest du verschiedene Notenschlüssel. Suche die Punktzahl, die der Gesamtpunktzahl in deiner Übungsprobe gleich bzw. am nächsten kommt. Schau dann, in welchen Punktebereich deine erreichte Punktzahl fällt, darunter findest du dann deine erzielte Note.

20	20 - 18 1	17,5 – 15,5 2	15 – 13 3	12,5 - 10,5 4	10 - 8 5	7,5 - 0 6
21	22 - 20 1	19,5 - 17,5 2	17 - 15 3	14,5 - 11 4	10,5 - 8 5	7,5 - 0 6
22	22 - 20 1	19,5 - 17,5 2	17 - 14,5 3	14 - 11,5 4	11 - 8 5	7,5 - 0 6
23	23 - 21 1	20,5 – 18,5 2	18 – 15,5 3	15 - 12,5 4	12 - 8,5 5	8 - 0 6
24	24 – 22 1	21,5 - 19 2	18,5 - 16 3	15,5 - 12,5 4	12 - 8 5	7,5 - 0 6
25	25 – 23 1	22,5 - 20 2	19,5 - 16,5 3	16 - 13 4	12,5 - 8 5	7,5 - 0 6
26	26 – 24 1	23,5 – 22 2	21,5 - 18 3	17,5 -13,5 4	13 - 10,5 5	10 - 0 6
28	28 – 26 1	25,5 – 23 2	22,5 – 19 3	18,5 – 15 4	14 - 10 5	9,5 - 0 6
29	29 – 26,5 1	26 – 23, 2	22,5 – 19 3	18,5 – 15 4	14,5 - 10 5	9,5 - 0 6
30	30 – 27 1	26,5 - 23,5 2	23 – 19,5 3	19 – 15,5 4	15 – 11 5	10 – 0 6
31	30 – 27 1	26,5 - 23,5 2	23 – 20 3	19,5 – 16 4	15,5 – 11 5	10 – 0 6
32	32 – 29 1	28 - 25 2	24 – 21 3	20,5 – 16,5 4	16 – 11 5	10 – 0 6
33	33 – 30 1	29,5 – 26,5 2	26 – 22, 3	21,5 - 17,5 4	17 – 12 5	11,5 - 0 6
34	34 – 31 1	30,5 – 27 2	26,5 – 23 3	22,5 - 18 4	17 – 12 5	11,5 - 0 6
35	35 – 32 1	31,5 – 28 2	27,5 - 24 3	23 - 19 4	18 - 12 5	11 -0 6
36	36 – 33 1	32,5 – 29 2	28,5 – 24,5 3	24 – 18,5 4	18 - 12 5	11 - 0 6
37	36 – 33,5 1	33 – 29,5 2	29 – 25 3	24,5 – 19 4	18,5 - 12 5	11 - 0 6
38	38 – 35,5 1	35 – 31 2	30 – 25,5 3	25 – 20 4	19 – 14 5	13,5 - 0 6
39	39 – 35 1	34,5 – 30 2	29,5 – 25 3	24,5 – 20 4	19,5 – 14 5	13,5 - 0 6

40	40 – 36 1	35,5 -31,5 2	31 – 26,5 3	26 - 20,5 4	20 - 15 5	14 – 0 6
41	41 – 37 1	36,5 -32,5 2	32 – 27,5 3	27 - 21 4	20 - 15 5	14 – 0 6
42	42 – 38 1	37,5 -33 2	32,5 - 28 3	27 - 22 4	21 - 15 5	14 - 0 6
43	43 – 39 1	38,5 -33 2	32,5 - 28 3	27 - 22 4	21,5 - 15 5	14 - 0 6
45	45 – 41 1	40 – 35,5 2	35 – 30 3	29,5 - 24 4	23,5 - 18 5	17 - 0 6
46	46 – 42 1	41 - 36,5 2	36 – 31 3	29 - 23,5 4	23 - 17 5	16 - 0 6
47	47 – 43 1	42 - 37 2	36 – 31 3	29 - 24 4	23,5 - 17 5	16 - 0 6
48	48 – 43,5 1	43 - 38 2	37 – 32 3	31 – 25 4	24 - 17 5	16 - 0 6
49	49 – 45 1	44 - 39 2	38 – 33 3	32 - 26 4	25 - 18 5	17 - 0 6
50	50 – 45,5 1	44,5 - 39,5 2	39 – 34 3	33 - 26 4	25 - 18 5	17 - 0 6
51	51 – 45 1	44 - 39 2	38 – 33 3	32 - 26 4	25,5 - 18 5	17 - 0 6
52	52 – 47 1	46 - 41 2	40 – 35 3	34 -27 4	26 - 19 5	18 - 0 6
54	54 – 49 1	47 – 41,5 2	41 – 35 3	34 – 28 4	27 - 19 5	18 - 0 6
56	56 – 51 1	50 – 44 2	43 – 37 3	36 – 29 4	28 - 20 5	19 - 0 6
58	58 – 52 1	51 – 45 2	44 – 38 3	37 – 30 4	29 - 20 5	19 - 0 6
60	60 – 54 1	53 - 47 2	46 – 39 3	38 -31 4	30 - 20 5	19 - 0 6
61	61 – 55 1	54 - 48 2	47 – 40 3	39 - 32 4	31 - 20 5	19 - 0 6
62	62 – 56 1	55 - 49 2	48 – 41 3	40 - 32 4	31 - 20 5	19 - 0 6
64	64 – 58 1	57 - 50 2	49 – 42 3	41 - 33 4	32 - 22 5	21 - 0 6
65	65 – 59 1	58 - 51 2	50 – 43 3	42 - 34 4	33 - 23 5	22 - 0 6
66	66 – 59 1	58 - 51 2	50 – 43 3	42 - 34 4	33 - 24 5	23 - 0 6
67	67 – 60 1	59 - 52 2	51 – 44 3	43 - 35 4	34 - 25 5	24 - 0 6
68	68 – 61 1	60 - 53 2	52 – 44 3	43 - 35 4	34 - 25 5	24 - 0 6

12 Quellenverzeichnis

LS6, Mathematisches Unterrichtswerk für das Gymnasium – Ausgabe Bayern, Klett Verlag 2007
Schulhefte und Schulproben von verschiedenen Kindern aus Kempten, München und Umgebung.
Bilder: Julius Z. 10 Jahre (Autos)
Istock
Michael Reichel Logos & Pferde
www.wikipedia.de
Geometrie: Anwendungsbezogene Grundlagen und Beispiele von Martin Nitschke
www.geometrie.net

Notizen